BECOMING FLUEI

150 SHORT STORIES

BY PHILIPP EICH

COPYRIGHT

This book is dedicated to my girlfriend, who inspired me to write this book.

Table of Contents

1. Karl hat frei

Karl hat heute frei, er muss nicht zur Arbeit. Am Morgen bleibt er im Bett liegen. Erst um elf (11) Uhr steht er auf. Nach dem Frühstück trinkt er Kaffee und isst ein Stück Kuchen. Er mag den Geruch von frischem Kaffee am Morgen. Karl entschließt sich eine Fahrradtour zu machen und holt sein altes Fahrrad aus der Garage. Das Dorf in dem Karl wohnt, grenzt an einen großen Wald und es riecht nach Kiefern und Fichten. Während der Fahrt rauscht der Wind durch seine Haare und durch die Blätter der Bäume. Karl liebt dieses Gefühl der Freiheit, das Gefühl so weit zu fahren, wie ihn seine Beine tragen können. Am Nachmittag rastet Karl an einem kleinen Bach. Er hat sich Brot, Käse und Wurst mitgenommen. Er isst bevor er weiterfährt. Nach zehn Minuten Fahrt, kann er nicht mehr in die Pedale treten. Seine Kette hat sich verklemmt. Mit seinem Handy ruft er sich ein Taxi. Das Taxi bringt ihn und sein Fahrrad wieder nach Hause. So schnell kann seine Freiheit also vorbei sein.

Fragen
- Um wie viel Uhr steht Karl auf?
- Was trinkt Karl nach dem Frühstück
- Wo steht Karls altes Fahrrad
- Was hat Karl zum Essen mitgenommen?
- Wie kommt Karl nach Hause?

Wortschatz

Frei haben – to not have to work	**Die Blätter** – the leafs
aufstehen – to get up	**Das Gefühl** – the feeling
Das Frühstück – the breakfast	**Die Freiheit** – the freedom
Der Kuchen – the cake	**weit** – far
Der Geruch – the smell	**tragen** – to carry
sich entschließen – to decide	**rasten** – to take a rest
Die Fahrradtour – the bicycle tour	**Der Bach** – the small river
Die Garage – the Garage	**weiter machen** – to continue doing something
Das Dorf – the village	**nach** – after
riechen – to smell	**nicht mehr** – not anymore
Die Fahrt – the drive	**Kette** – the chain
rauschen – to rustle	**verklemmen** – to get stuck
Der Wind – the wind	

2. Julias Zug kommt nicht

Julia sitzt am Bahnhof. Ihr Zug sollte vor zwanzig (20) Minuten einfahren, doch er ist immer noch nicht hier. „Typisch Deutsche Bahn, immer zu spät", denkt Julia. Sie ist zornig. Wegen der Verspätung, wird sie ihren Anschlusszug in München verpassen und auch alle anderen Anschlusszüge, die sie nehmen muss. Während sie wartet schaut sie immer wieder auf ihr Handy. Vielleicht ist das Fliegen doch besser als der Zug. Aber sie kann nichts machen, weil sie sich schon für den Zug entschieden hat. In diesem Moment spricht eine Stimme aus dem Lautsprecher. „Achtung, Achtung. Der ICE von Hamburg nach München fährt in Kürze ein, bitte Vorsicht bei der Einfahrt!" „Endlich!", ruft Julia erleichtert.

Fragen
- Warum ist Julia zornig?
- Wieso verpass Julia ihren Anschlusszug?
- Wohin fährt Julia?

Wortschatz

sitzen – to sit
Der Bahnhof – the train station
einfahren – to arrive
immer noch – still
hier - here
wegen – because of
Die Verspätung – the delay
Der Anschlusszug – the connecting train
verpassen – to miss
während – while

warten – to wait
wieder – again
vielleicht – maybe
schon – already
Die Stimme – the voice
Der Lautsprecher – the speaker
Achtung – attention
in kürze – after a short time
erleichtert sein – to be relieved

3. Eine typische Studentenwoche

Montags habe ich frei. Es finden keine Vorlesungen statt. Am Morgen wiederhole ich, was ich gelernt habe. Mittags treffe ich mich mit Freunden, die auch frei haben. Bei gutem Wetter sitzen wir im Park, bei schlechtem Wetter treffen wir uns in meiner Wohnung. Wir spielen Brettspiele und reden über unsere Woche. Nicht alle meine Freunde studieren dasselbe wie ich. Von Dienstag bis Donnerstag muss ich an die Universität. Ich habe von acht (8) Uhr morgens bis siebzehn (17) Uhr abends Unterricht. Ich studiere das Fach Geschichte. Freitags haben wir praktischen Unterricht, in einem Museum. Ich kann meine Fähigkeiten, aus dem Unterricht, im Museum gut anwenden und ich mache wertvolle Erfahrungen. Samstags schreibe ich an meinen Hausaufgaben. Es ist mühsam, aber ich mache gute Fortschritte. In der Regel verbringe ich samstags sechs (6) bis acht (8) Stunden mit dem Schreiben. Am Sonntag habe ich frei. Ich lese Dinge die mich interessieren und treibe Sport. Meine Freunde und ich spielen sonntags oft Fußball. Das war meine Woche. Wie sieht eure Woche aus?

Fragen
- Was machst du am Montag
- Studieren alle deine Freunde dasselbe wie du?
- Wann beginnt der Unterricht und wann endet er?
- Was machst du freitags?
- Was machst du am Sonntag?
- Was machst du montags, bei schlechtem Wetter?

Wortschatz

frei haben – to not have to work
typisch – typical
Die Vorlesung – the lecture
stattfinden – to take place
wiederholen – to repeat
sich treffen – to meet up
spielen – to play
reden – to talk
alle – all
studieren – to study
das selbe – the same
Das Fach – the subject
praktisch – practical
Der Unterricht – the lesson

Die Fähigkeit – the ability
anwenden – to put to use
wertvoll – valuable
Die Erfahrung – the experience
Die Hausaufgabe – the homework
mühsam – troublesome
Der Fortschritt – the progress
In der Regel – usually
den Samstag verbringen – to spend the Saturday
Dinge die mich interessieren – things that interest me
Sport treiben – to do sports
Fußball – soccer
aussehen wie – to look like

4. Max steckt fest

Verflixt! Wie konnte das nur passieren? Max ist zu spät. Sein Fahrstuhl steckt fest. Er und drei (3) Andere können nicht heraus. Sie haben bereits alles versucht. Sie haben zuerst den Notruf gewählt, aber es hat sich niemand gemeldet. Auch Handys haben hier kein Signal. Was tut man in dieser Situation? Max ist ratlos. So hatte er sich seinen Nachmittag nicht vorgestellt. Seit zwei (2) Stunden sind sie hier. Es ist warm und stickig im Fahrstuhl. Max will einfach nur heraus. Endlich meldet sich ein Mann, über den Lautsprecher. „Hilfe ist unterwegs, bleiben sie ruhig und geraten sie nicht in Panik. In fünfzehn (15) Minuten können sie den Fahrstuhl verlassen". Max ist erleichtert. Wenige Minuten später, können die Leute heraus. Endlich atmet Max wieder kühle und frische Luft. Max verlässt das Gebäude und geht zu seinem Termin. Er ist drei (3) Stunden zu spät, aber niemand ist darüber böse. Alle sind erleichtert, dass nichts passiert ist.

Fragen
- Warum ist Max zu spät?
- Was hat Max zuerst gemacht?
- Wie lange ist Max schon in dem Fahrstuhl?
- Wer meldet sich über den Lautsprecher?
- Wie viele Stunden ist Max zu spät

Wortschatz

Verflixt – damn
passieren – to happen
zu spät sein – to be to late
Der Fahrstuhl – the elevator
feststecken – to be stuck
Die Anderen – the others
herraus können – to be able to leave
bereits – already
alles versuchen – to try everything
zuerst – at first
wählen – to dial
niemand – nobody
melden – to reply
auch – also
Das Handy – the cell phone
hier – here

tun – to do
ratlos sein – to be clueless
vorstellen – to imagine
stickig – stifling
einfach – simply
endlich – finally
verlassen – to leave
erleichtert sein – to be relieved
wenige Minuten später – a couple of minutes later
kühl – cold
frisch – fresh
Die Luft – the air
Das Gebäude – the building
Der Termin – the appointment
passieren – to happen

5. Eine neue Stadt

Ich bin neu in Berlin. Heute miete ich eine Wohnung. Es ist ein schöner Tag, weil die Sonne scheint und die Vögel singen. Ich stehe vor meiner neuen Wohnung. Ein Mann kommt heraus. Er grüßt mich. Es ist mein neuer Vermieter. Er will mir die Wohnung zeigen. Gemeinsam gehen wir in das alte Haus. Im Treppenhaus ist es stickig und es riecht komisch. Wir gehen die Treppe nach oben, dann stehen wir vor der Wohnung. Es ist eine große, alte, Tür. Die Wohnung ist sauber und neu. Das überrascht mich. Sie gefällt mir sehr gut, aber sie ist teuer. Ich überlege ob ich sie mieten will. Wir gehen in alle Zimmer. In den Zimmern sind Möbel. Ein Bett, eine Küche und Schränke. Es ist alles da. Ich kann deshalb viel Geld sparen. Ich bin glücklich. Ich will die Wohnung mieten. Es ist kein Problem. Ich kann den Vertrag direkt unterschreiben. Endlich habe ich eine neue Wohnung. Sie gefällt mir sehr gut. Ich rufe meine Freundin an und erzähle ihr wie glücklich ich bin.

Fragen
- Warum ist heute ein schöner Tag?
- Wer ist der Mann der aus dem Haus kommt?
- Wie riecht es im Treppenhaus?
- Warum bist du überrascht?
- Warum kannst du viel Geld sparen

Wortschatz

neu sein in – to be new in
mieten – to rent
Der Vogel – the bird
Die Wohnung – the apartment
heraus kommen – to walk out
grüßen – to greet
Der Vermieter – the landlord
nach oben - upwards
zeigen – to show
gemeinsam – together
alt – old
stickig – stifling
riechen – to smell

komisch – strange
sauber – clean
überraschen – to surprise
gefallen – to like
teuer – expensive
Die Möbel – the furniture
Der Schrank – the closet
deshalb – therefore
Das Geld – the money
sparen – to save up
Der Vertrag – the contract
endlich – finally

6. Die Busfahrt

Heute fahre ich mit dem Bus. Normal fahre ich mit meinem Auto, aber heute ist mein Auto kaputt. Der Bus ist sehr voll. Es fahren viele Leute mit dem Bus. Eine Busfahrt ist nicht teuer. Ich gebe dem Fahrer zwei (2) Euro und er gibt mir mein Wechselgeld. Ich stecke es schnell ein und setze mich auf einen freien Platz. Der Bus hält auf meiner Fahrt zwanzig (20) Mal. Es ist heiß, weil hier viele Leute sind. Der Bus ist laut. Ich mag mein Auto lieber. Die Fahrt dauert fünfundvierzig (45) Minuten. Während der Fahrt lese ich, oder schaue aus dem Fenster. Das Buch ist spannend. Weil die Luft schlecht ist, öffne ich das Fenster. Endlich kommen wir an meiner Haltestelle an. Morgen fahre ich wieder mit dem Auto.

Fragen
- Warum fährst du heute mit dem Bus?
  - Ist die Busfahrt teuer?
- Wie oft hält der Bus auf deiner Fahrt?
- Was machst du während der Fahrt?
- Fährst du morgen auch mit dem Bus?

Wortschatz
kaputt – broken
voll – full
teuer – expensive
Das Wechselgeld – change
einstecken – to pocket
Der Platz – the place
halten – to stop
heiß – hot
laut - loud
viele – many
lieber mögen – to like more
während – during
Das Fenster – the window
spannend – exciting
Die Luft – the air
An der Haltestelle ankommen – to reach the bus stop

7. Ich bin krank

Heute muss ich nicht in die Schule, weil ich krank bin. Ich gehe gerne in die Schule. In der Schule habe ich viele Freunde. Während dem Unterricht, sitze ich neben meinem besten Freund Mark. Mark ist ein großer Junge, mit blonden Haaren. Er ist witzig und schlau. Das mag ich an ihm. Wir helfen uns während des Unterrichts gegenseitig. In der Pause reden wir mit unseren Freunden über unsere Hobbys. Wir spielen beide Fußball. Heute verpasse ich das Training, weil ich krank bin. Ich liege unter meiner Decke und hoffe, dass ich bald wieder gesund bin. Mir ist langweilig. Wenn man krank ist, dann passiert nichts. Während meine Freunde vor dem Haus spielen, muss ich im Bett liegen. Meine Mutter bringt mir Tee mit Honig. Danach fühle ich mich besser. Morgen will ich wieder in die Schule. Krank sein macht keinen Spaß.

Fragen
- Warum musst du heute nicht in die Schule?
- Was magst du an deinem Freund?
- Worüber redet ihr in der Pause?
- Warum ist dir langweilig?
- Was bringt dir deine Mutter?

Wortschatz

krank sein – to be sick
während – during
Der Unterricht – the lesson
mein bester Freund – my best friend
Die Haare – the hairs
witzig – funny
schlau sein – to be smart
sich gegenseitig helfen – to help each other
Die Pause – the break

Das Fußball – soccer
verpassen – to miss
Die Decke – the blanket
gesund – healthy
langweilig – boring
passieren – to happen
spielen – to play
sich besser fühlen – to feel yourself better
Der Spaß – the fun

8. Ein Tag im Schwimmbad

Heute gehe ich mit meiner Mutter ins Schwimmbad. Es ist ein sehr heißer Tag und ich freue mich auf das kalte Wasser. Am Eingang kaufen wir Eintrittskarten. Eine Eintrittskarte kostet einen Euro fünfzig (1,50). Meine Mutter gibt der Kassiererin das Geld. Im Schwimmbad suchen wir uns einen schönen Platz. Die Sonne scheint mir ins Gesicht, während ich über die Wiese laufe. Viele Kinder spielen auf der Wiese. Auf der Wiese liegen viele Decken und Handtücher. Die Besucher liegen auf den Decken in der Sonne. Meine Mutter legt auch eine Decke auf die Wiese, dann gehen wir zum Schwimmbecken. Ich dusche mich, dann springe ich endlich in das kühle Wasser. Das ist erfrischend. Am liebsten würde ich jeden Tag ins Schwimmbad gehen. Ich schwimme ein paar Runden und spiele mit meinen Freunden. Um sieben (7) Uhr schließt das Schwimmbad und wir müssen nach Hause. Ich bin traurig. Ich habe immer viel Spaß im Schwimmbad. Morgen will ich wieder ins Schwimmbad. Mama sagt, dass wir das machen können.

Fragen
- Auf was freust du dich im Schwimmbad?
- Wie viel Geld kostet die Eintrittskarte?
- Was legt deine Mutter auf die Wiese?
- Was machst du, bevor du ins Becken springst?
- Wann schließt das Schwimmbad?

Wortschatz

Das Schwimmbad – the pool
heiß – hot
sich freuen auf – to look forward to
kalt – cold
Der Eingang – the entrance
kaufen – to buy
suchen – to search
Der Platz – the place

Das Gesicht – the face
Die Wiese – the meadow
duschen – to take a shower
springen – to jump
erfrischen – refreshing
schließen – to close
traurig sein – to be sad

9. Tennis

Mark treibt viel Sport, aber am meisten mag er Tennis. Drei (3) Mal pro Woche geht Mark ins Tennistraining. Zusammen mit zehn (10) anderen Jungen und Mädchen, lernt er dort, wie man Tennis spielt. Tennis ist einfach. Es gibt einen Ball, zwei (2) Spieler, ein Feld und ein Netz. Schlägt ein Spieler den Ball in das Netz, oder nicht in das Feld, gewinnt der Gegner einen Punkt. Tennis ist ein schnelles Spiel, deshalb liebt Mark es sehr. In seiner Freizeit liest Mark Biographien, von bekannten Tennisspielern. Er träumt davon, in der Zukunft ein bekannter Tennisspieler zu sein. Am Wochenende fährt Mark zu Tennisturnieren. Dort spielt er gegen andere junge Tennisspieler. Manchmal gewinnt Mark ein Turnier, aber meistens gewinnt er nicht. Das macht nichts. Er muss einfach noch mehr üben.

Fragen

- Mit wem lernt Mark, wie man Tennis spielt?
- Wann gewinnt der Gegner einen Punkt?
- Warum liebt Mark Tennis?
- Wovon träumt Mark?
- Was macht Mark am Wochenende?

Wortschatz

viel Sport treiben – to do a lot of sports
am meisten mögen – to like the most
zusammen – together
lernen – to learn
einfach – easy
schlagen – to hit
Der Spieler – the player
Das Netz – the net
Das Feld – the field
Der Gegner – the opponent
schnell – fast

deshalb – therefore
Die Freizeit – the free time
bekannt – well known
träumen – to dream
in der Zukunft – in the future
Das Turnier – the tournament
gegen – against
manchmal – sometimes
meistens – mostly
Das macht nichts – it is not a problem
üben – to practice

10. In der Schule

Jessica und ihre Freunde warten auf ihren Lehrer. Ein anderer Lehrer kommt in die Klasse. „Herr Müller ist heute krank", sagt er der Klasse. Eine Schülerin hebt die Hand. „Haben wir dann frei?", fragt sie. „Nein, ich werde euch heute unterrichten!", antwortet der Lehrer. „Was lernt ihr, im Moment, bei Herr Müller?", fragt er die Schüler. „Letzte Stunde haben wir über Elektrizität gesprochen", ruft ein Schüler. Der Lehrer antwortet: „Bitte hebe die Hand, wenn du etwas sagen willst und sprich erst, wenn ich dich aufrufe." „Entschuldigung." Der Schüler hebt die Hand. Der Lehrer zeigt auf ihn und sagt: „Ja bitte Leon?" „Letzte Stunde haben wir über Elektrizität gesprochen", wiederholt Leon. „Alles klar, dann werden wir das Thema heute wiederholen."

Fragen
- Auf wen warten Jessica und ihre Freunde?
- Warum kommt ein anderer Lehrer in die Klasse?
- Was Lernen Jessica und ihre Freunde im Moment?
- Was machen Jessica und ihre Freunde heute?

Wortschatz
Der Lehrer – the teacher
ein anderer – another
krank – sick
Die Klasse – the class
die Hand heben – to lift your hand
unterrichten – to teach
lernen – to learn
im Moment – at the moment
letzte Stunde – in the last lesson
heben – to lift
aufrufen – to call for
auf etwas zeigen – to point at something
Alles klar – alright
wiederholen – to repeat / to review

11. Beim Essen

Heute gibt es Salat, Bratkartoffeln und Spiegelei zum Mittagessen. Ich liebe Spiegelei. Der Salat ist auch nicht schlecht. „Schließe deinen Mund beim Essen!", sagt meine Mutter. „Tut mir leid", sage ich. „Sprich nicht mit vollem Mund!", sagt meine Mutter. Ich bin verwirrt. Nicht antworten ist unhöflich und mit vollem Mund antworten ist auch unhöflich. Was soll ich machen? Ich sage nichts und esse weiter. Das Essen schmeckt heute sehr gut und mein Teller ist schnell leer. „Willst du noch mehr?", fragt meine Mutter. „Ja bitte.", antworte ich. „Noch mehr Spiegelei." „Nur wenn du auch Kartoffeln isst.", sagt meine Mutter. „Alles klar, dann esse ich auch Kartoffeln.", antworte ich. Mein Teller ist jetzt leer, aber mein Bauch ist voll. Ich gehe in mein Zimmer und fange mit den Hausaufgaben an.

Fragen
- Warum bist du verwirrt?
- Schmeckt das Essen heute?
- Wovon willst du noch mehr?
- Was machst du in deinem Zimmer?

Wortschatz
Das Mittagessen – lunch
schlecht – bad
schließen – to close
tut mir leid – I am sorry
verwirrt sein – to be confused
antworten – to reply
voll – full
unhöflich – rude
schmecken – to taste
leer – empty
mehr – more
nur wenn – only if
anfangen – to start
Die Hausaufgaben – homework

12. Auf der Arbeit

Mike arbeitet als Automechaniker. Jeden Morgen, um sieben (7) Uhr, fängt er an und am Nachmittag ist er fertig. Den ganzen Tag repariert er Autos. Große Autos, kleine Autos, alte Autos und neue Autos, sieht er jeden Tag. Er sagt immer: „Ich kenne alle Autos". Seine Freunde lachen oft darüber. Mike macht das nichts. Er liebt Autos. Alle Autos. Er ist sehr glücklich. Die Arbeit ist oft schwer und anstrengend, aber auch das macht nichts. Er will nur Autos reparieren. Er liebt Autos. Mike hat kein Auto. Er fährt jeden Morgen, mit dem Fahrrad, zur Arbeit. Er hat nicht genug Geld, um ein Auto zu kaufen. Mike will sich in ein (1) oder zwei (2) Jahren ein Auto kaufen. Er spart jeden Monat Geld. Am Abend sitzt Mike auf seinem Sofa und schaut Sendungen über Autos. Um zehn (10) geht er ins Bett. Er muss um sechs (6) wieder aufstehen.

Fragen
- Wann fängt Mike an zu arbeiten
- Wann ist er fertig?
- Was arbeitet Mike?
- Fährt Mike mit dem Auto zur Arbeit?
- Warum kauft Mike kein Auto?
- Was macht mike am Abend?

Wortschatz
jeden Morgen – every morning
fertig sein – to be finished
kennen – to know
darüber lachen – to laugh about it
glücklich – happy
schwer und anstrengend – hard and exhausting
Das Fahrrad – the bicycle
genug – enough
Das Geld – the money
sparen – to save up
Das Sofa -- the couch
Die Sendung – the TV show
aufstehen – to get up

13. Der Unfall

Jenny ist Malerin. Heute streicht sie zwei (2) Wände und eine (1) Decke. Sie steht auf einer Leiter. Sie hält einen Pinsel in der rechten Hand und einen Eimer in der linken Hand. Jenny steigt die Stufen nach oben und rutscht aus. Sie fällt auf den Boden, danach hat sie starke Schmerzen in ihrer Hand. Ein Freund fährt Jenny zum Doktor ins Krankenhaus. Der Doktor sagt: „Die Hand ist gebrochen." Jenny bekommt einen Gips um ihre Hand. Jetzt kann Jenny drei (3) Monate nicht mehr arbeiten. Ihr Chef kommt auch in das Krankenhaus. Er ist besorgt, aber er ist auch froh, dass nichts Schlimmes passiert ist. „Gute Besserung Frau Weber!", sagt er. Jenny bekommt vom Doktor Tabletten gegen die Schmerzen, dann fährt ihr Freund sie nach Hause. Jenny sagt zu ihrem Freund: „Ich war unvorsichtig. Ich muss besser aufpassen".

Fragen

- Was streicht Jenny heute?
- Was hält Jenny in ihrer Hand?
- Wer fährt Jenny ins Krankenhaus?
- Was bekommt Jenny um ihre Hand?
- Was bekommt Jenny gegen die Schmerzen?

Wortschatz

Der Maler – the painter
Die Wand – the wall
Die Decke – the ceiling
Die Leiter – the ladder
halten – to hold
Der Pinsel – the brush
Der Eimer – the bucket
Stufen steigen – to climb stairs
ausrutschen – to slip up
der Boden – the floor
danach – afterwards
Der Schmerz – the pain

Das Krankenhaus – the hospital
gebrochen sein – to be broken
bekommen – to get
Der Gips – the plaster cast
Der Chef – the boss
besorgt sein – to be worried
schlimm - bad
passieren – to happen
Gute Besserung – get well
unvorsichtig – careless
aufpassen – to pay attention

14. Der Polizist

Toms Vater ist Polizist. Er beschützt die Bürger und passt auf, dass nichts passiert. „Es ist nicht leicht Polizist zu sein", sagt er immer. Manchmal arbeitet Toms Vater morgens, manchmal mittags und manchmal abends. Er nennt das Schichtdienst. Die Kollegen, von Toms Vater, kommen oft zu Besuch. Manchmal kommen sie mit dem Polizeiauto. Tom freut sich jedes Mal sehr. Er findet Polizeiautos interessant. In der Zukunft will Tom auch Polizist werden. „Ich will auch Bürger beschützen und aufpassen, dass nichts passiert", sagt Tom oft seinem Vater. Sein Vater lacht. „Das ist gut. Polizist ist ein wichtiger Beruf.", sagt er. Tom denkt das auch. In seiner Freizeit liest Tom Bücher über Polizisten. Er muss wissen, was gute Polizisten machen, sagt er. Sein Vater sagt, dass das eine gute Idee ist. Wenn Tom mit einem Buch fertig ist, dann kauft sein Vater ein neues Buch. Tom hat sehr viele Bücher über Polizisten, aber er will mehr. Er liest jeden Monat zwei (2) Bücher

Fragen

- Was macht Toms Vater?
- Was ist Schichtdienst?
- Wer kommt oft zu Besuch?
- Was will Tom in Zukunft werden?
- Was macht ein Polizist?
- Wie viele Bücher liest Tom jeden Monat?

Wortschatz

Der Polizist – policeman
beschützen – to guard
Der Bürger – the citizen
aufpassen – to make sure
manchmal – sometimes
Die Schicht – the shift
wichtig – important
Der Beruf – the professional
Die Freizeit – the free time
fertig sein – to be finished
mehr wollen – to want more

15. Hannahs Katze

Hannahs Katze heißt Mira. Miras Fell ist schwarz. Am liebsten liegt Mira den ganzen Tag auf der Wiese im Garten. Hannah sagt, dass Mira faul ist. Mira ist das egal. Sie versteht Hannah nicht. Hannah gibt Mira drei (3) Mal am Tag Essen. Morgens, mittags und abends. Mira schnurrt sehr laut, wenn sie Essen bekommt. Hannah findet, dass das lustig ist. Wenn Hannah schlafen geht, dann springt Mira in ihr Bett. Mira schläft auf Hannahs Kissen. Manchmal kann Hannah nicht schlafen, weil Mira so laut schnurrt. Hannah liebt ihre Katze und Mira liebt Hannah. Im Sommer liegt Hannah im Garten und liest. Mira liegt neben ihr. Manchmal ist Mira in der Nacht im Garten. Sie jagt dann Mäuse und andere Tiere. Hannah findet das nicht gut. Manchmal legt Mira Mäuse vor Hannahs Tür. Hannah findet das eklig. Sie muss die Mäuse dann wegwerfen. Hannahs Mutter sagt:" Mira macht das, weil sie dich liebt".

Fragen
- Wie heißt Hannahs Katze?
- Was macht Hannahs Katze, wenn sie Essen bekommt?
- Was macht Hannahs Katze, wenn Hannah ins Bett geht?
- Was machen Hannahs Katze und Hannah im Sommer?
- Was muss Hannah mit den Mäusen vor ihrer Tür machen?

Wortschatz
Die Katze – the cat
Das Fell – the fur
Die Wiese – the meadow
faul – lazy
mir ist das egal – i do not care
verstehen – to understand
schnurren – to purr
Hannah findet, dass – Hannah thinks, that
lustig – funny
springen – to jump
Das Kissen – the pillow
jagen – to hunt
Die Tiere – the animals
etwas vor die Tür legen – to put something in front of the door
eklig – disgusting
wegwerfen – to throw away

16. Im Süßigkeitengeschäft

Heute bin ich mit meiner Mutter in einem Süßigkeitengeschäft. Das passiert nicht oft. Meine Mutter sagt immer: „Süßigkeiten machen dick und sind schlecht für die Zähne." Der Doktor sagt das auch. Von zu vielen Süßigkeiten bekommt man Löcher in den Zähnen. Ich habe Angst vor Löchern in den Zähnen. Der Doktor sagt, dass das weh tut. Ich putze deshalb drei (3) Mal am Tag meine Zähne. Meine Mutter sagt, dass meine Zähne strahlend weiß sind und dass das gut ist. Heute darf ich Süßigkeiten essen. Ich habe Geburtstag. Meine Mutter sagt, dass die Süßigkeiten mein Geschenk sind. Es gibt rote Süßigkeiten, blaue Süßigkeiten, Süßigkeiten in siebenundzwanzig (27) verschiedenen Farben, und es gibt Süßigkeiten, die aussehen wie Tiere. Ich kaufe Süßigkeiten, die aussehen wie Spinnen. Ich mag Spinnen. Meine Freunde haben Angst vor Spinnen, aber ich finde sie interessant. Meine Mutter bezahlt dreizehn (13) Euro und wir gehen zum Auto. Auf dem Weg nach Hause, esse ich alle Süßigkeiten. Danach tut mein Bauch weh. Bevor ich ins Bett gehe, putze ich meine Zähne. Ich esse nie wieder so viele Süßigkeiten.

Fragen
- Was sagt deine Mutter über Süßigkeiten?
- Was sagt der Doktor über Süßigkeiten?
- Wie oft putzt du deine Zähne?
- Warum darfst du heute Süßigkeiten essen?
- Welche Süßigkeiten kaufst du?
- Wovor haben deine Freunde Angst?
- Warum tut dein Bauch weh?

Wortschatz

Die Süßigkeiten – the candies	**dreimal am Tag** – three times a day
Das Geschäft – the store	**Der Geburtstag** – the birthday
oft – often	**Das Geschenk** – the gift
dick – fat	**verschieden** – different
die Zähne – the teeth	**aussehen wie** – to look like
Das Loch – the hole	**Die Spinne** – the spider
Die Angst – the anxiety	**bezahlen** – to pay
weh tun – to hurt	**nie wieder** – never again
putzen – to clean	

17. Fallschirmspringen

Heute habe ich Geburtstag. Meine Freunde haben mir einen Fallschirmsprung geschenkt. Meine Freunde sind verrückt, aber ich mag sie. Wir laufen zum Flugzeug. In einem Rucksack auf meinem Rücken ist der Fallschirm. Ich habe ein bisschen Angst. Wir steigen in das Flugzeug ein. Es gibt keine Stühle in diesem Flugzeug. Ich und meine Freunde sitzen auf dem Boden. An der Tür leuchtet ein rotes Licht. Mein bester Freund sagt: „Wenn das Licht grün ist, dann springen wir." Der Motor ist laut. Wenn meine Freunde sprechen, dann kann ich nichts hören. Das Licht ist grün. Die Tür ist offen. Ich gehe zur Tür. Unter mir sehe ich kleine Felder und winzige Häuser. Ich springe. Die Luft ist kalt. Ich falle schnell, aber es gefällt mir gut. Ich fühle mich frei!

Fragen
- Warum haben deine Freunde dir einen Fallschirmsprung geschenkt?
- Was ist in deinem Rucksack?
- Gibt es Stühle im Flugzeug?
- Welches Licht leuchtet an der Tür?
- Wann darfst du springen?

Wortschatz
Der Fallschirm – the parachute
Der Sprung – the jump
schenken – to gift
verrückt – crazy
Das Flugzeug – the airplane
Der Rücken – the back
ein bischen Angst – a little bit of anxiety
einsteigen – to enter / to board
leuchten – to shine
Das Licht – the light
offen sein – to be open
unter me – below me
Das Feld – the field
winzig – tiny
fallen – to fall
sich frei fühlen – to feel free

18. Das Paket

„Im Briefkasten ist ein Brief für dich", sagt meine Freundin. Ich gehe zum Briefkasten und öffne ihn. Im Briefkasten liegen fünf (5) Briefe. Nur ein Brief ist für mich. Ich öffne den Brief. Im Brief steht, dass ich ein Paket bekommen habe. Das Paket liegt bei meinem Nachbarn. Vor dem Haus des Nachbarn steht kein Auto. Ich weiß nicht ob er zuhause ist. Ich gehe zu seiner Tür, dann drücke ich die Klingel. Mein Nachbar öffnet die Tür. „Sie wollen das Paket, richtig?", fragt er. „Ja bitte", sage ich. Er geht wieder in sein Haus. Er sucht das Paket. „Wo ist das Paket?", höre ich ihn sagen. Mein Nachbar kommt wieder an die Tür. In seinen Armen liegt ein riesiges Paket. „Bitte sehr, ihr Paket", sagt er. „Danke schön", antworte ich. Das Paket ist schwer. Ich weiß nicht, was es ist. Auf dem Paket steht nur mein Name. Ich trage das Paket zu meiner Tür. „Was ist das?", fragt meine Freundin. „Ich weiß es nicht", antworte ich.

Fragen
- Wie viele Briefe liegen im Briefkasten?
- Was steht in deinem Brief?
- Wo liegt das Paket?
- Warum denkst du, dass dein Nachbar nicht zuhause ist?
- Was ist in dem Paket?

Wortschatz
Der Briefkasten – the post box
Der Brief – the letter
öffnen – to open
im Brief steht – in the letter it is written
Der Nachbar – the neighbor
zuhause sein – to be at home
drücken – to press
Die Klingel – the Bell
suchen – to search
hören – to hear
riesig – huge
schwer – heavy
tragen – to carry

19. Julia und Sven sind müde

Julia und Sven sind müde. Sie haben sehr schlecht geschlafen. Auf der Straße vor ihrem Haus ist die ganze Nacht sehr laut gearbeitet worden. Sie haben beide starke Kopfschmerzen. Sie nehmen Medizin und trinken Kaffee. Sven muss zur Arbeit, Julia muss die Kinder in die Schule fahren. In der Küche ist es laut und die Kinder rufen durcheinander. Julia fühlt sich kraftlos, aber sie hat noch viel zu tun. Sie muss das Haus putzen und die Wäsche waschen. Dann muss sie die nasse Wäsche im Garten aufhängen. Um zwölf (12) Uhr muss sie das erste Kind von der Schule abholen. Das nächste Kind muss sie um drei (3) von der Schule abholen. Julia kann das nicht schaffen. Sie ist zu müde, deshalb ruft sie ihre Mutter an. Sie fragt ihre Mutter, ob sie die Kinder abholen kann. Ihre Mutter ist einverstanden. Julia ist erleichtert. Um vier (4) Uhr fängt Julia an zu kochen. Sven kommt bald nach Hause. Wenn Sven nach Hause kommt, dann will er essen. Auf dem Weg nach Hause denkt Sven an sein Bett. Nach dem Essen will er sofort ins Bett gehen. Er will sich morgen Stöpsel für die Ohren kaufen. So eine schreckliche Nacht will er nicht noch einmal erleben.

Fragen

- Warum sind Julia und Sven müde?
- Wie fühlt sich Julia?
- Was muss Julia machen?
- Warum kann Julia nicht alles schaffen?
- Was fragt Julia ihre Mutter?
- Wann fängt Julia an zu kochen?
- Was will Sven nach dem Essen machen?
- Was will Sven sich morgen kaufen?

Wortschatz

müde sein – to be tired
sehr laut – very loud
Der Kopfschmerz – the headache
durcheinander reden – to talk all at once
kraftlos – powerless
putzen – to clean
Die Wäsche waschen – to make the laundry
nass – wet
aufhängen – to hang up
abholen – to pick up
etwas nicht schaffen können – to not be able to do something

anrufen – to call (phone)
einverstanden sein – to agree
erleichtert sein – to be relieved
anfangen – to start
kochen – to cook
bald – soon
sofort - immediately
Der Stöpsel – the plug
Die Ohren – the ears
schrecklich – horrible
erleben – to experience

20. Beim Frisör

Lena ist heute beim Frisör. Ihre Haare müssen geschnitten werden. „Wollen sie die Haare kurz, oder lang haben?", fragt die Friseuse. „Ich weiß nicht, was würden sie mir raten?", will Lena wissen. „Sie haben einen breiten Kopf. Lange blonde Haare sehen gut aus.", sagt die Friseuse. „Lang? Ist ist das nicht unglaublich viel Arbeit am Morgen?", fragt Lena. „Nein, es ist nicht so viel Arbeit", sagt die Frau. „Alles klar, ich will die kurzen Haare, aber mit roter Farbe", sagt Lena. „Sollen ihre Haare vorne ein bisschen kürzer, oder gleich lang sein?", will die Frau wissen. „Ein bisschen kürzer ist gut", meint Lena. Sie überlegt, wie sie mit langen roten Haaren aussieht. Der Gedanke gefällt ihr sehr gut. Die Friseuse fängt mit dem Schneiden an. Sie ist sehr langsam, aber auch sehr genau. Lena gefällt die saubere Arbeit, die die Frau macht. Sie will in Zukunft immer zu dieser Frau kommen, wenn sie ihre Haare schneiden muss. Nach eineinhalb (1,5) Stunden ist der Haarschnitt fertig. Lena ist zufrieden. Sie sieht gut aus, viel besser als sie gedacht hat. „Das kostet zwanzig (20) Euro", sagt die Frau. Für ihre hervorragende Arbeit, gibt Lena der Frau fünfundzwanzig (25) Euro. Es ist schwer eine gute Friseuse zu finden. Sie bezahlt gerne mehr, wenn jemand eine gute Arbeit macht.

Fragen

- Warum ist Lena beim Frisör?
- Was rät ihr die Friseuse und wieso?
- Was will Lena?
- Wie schneidet die Friseuse Lenas Haare?
- Wie lange dauert es die Haare zu schneiden?
- Warum gibt Lena der Friseuse mehr Geld?

Wortschatz

Der Frisör – the hairdresser
Die Haare – the hairs
schneiden – to cut
raten – to recommend / to advise
breit – wide
unglaublich – unbelievable
vorne – in the front
ein bisschen – a little bit
überlegen – to ponder
aussehen wie – to look like

Der Gedanke – the thought
langsam – slow
genau – exact
sauber – clean
zufrieden sein – to be satisfied
kosten – to cost
hervorragend – outstanding
finden – to find
bezahen – to pay
jemand – someone

21. Zugeparkt

Tim hat ein Problem. Jemand hat ihn zugeparkt. Er kann mit seinem Auto nicht weiter fahren. Tim denkt, dass er die Polizei rufen soll. Er wartet seit einer Stunde, aber niemand kommt, um das Auto wegzufahren. Tim sucht sein Handy, aber er kann es nicht finden. Es ist nicht in seiner grauen Jacke, auch nicht in seinem Rucksack. Er findet sein Handy, in seiner Hosentasche. Ein Mann kommt auf ihn zu. Tim wartet auf den Mann. Er fragt den Mann: „Ist das ihr Auto?" Der Mann ist verwirrt. „Nein, wieso? Das ist nicht mein Auto", sagt er. „Schade", meint Tim. Tim ruft die Polizei. Die Polizei schickt den Abschleppdienst. Der Abschleppdienst nimmt das Auto mit. Endlich kann Tim mit seinem Auto wegfahren.

Fragen
- Was ist Tims Problem?
- Wie lange wartet Tim schon?
- Wo sucht Tim nach seinem Handy?
- Wen ruft Tim an?
- Wen schickt die Polizei?

Wortschatz
zuparken – to block ones car
rufen – to call
seit – since
niemand – nobody
suchen – to search
Das Handy – the cell phone
Die Hosentasche – the pocket
auf ihn zukommen – to approach him
verwirrt sein – to be confused
schicken – to send
Der Abschleppdienst – the towing service
wegfahren – to drive away

22. Im Supermarkt

Heute ist Samstag. Jeden Samstag geht Monika in den Supermarkt. Sie kauft dort Obst, Gemüse und andere Dinge, für die nächste Woche ein. Sie hat ein dünnes Papier, auf dem sie alles aufgeschrieben hat. Sie nennt den Zettel Einkaufsliste. Zuerst kauft Monika Obst. Monika mag am liebsten Bananen und Birnen, aber es gibt keine Bananen. „Entschuldigen sie bitte", sagt Monika, „Haben sie noch Bananen?". Die Mitarbeiterin sagt: „Ja, einen Moment bitte, ich hole sie aus dem Lager." Monika wartet. Sie will nicht ohne Bananen nach Hause gehen. Normalerweise isst sie jeden Morgen Joghurt mit Banane. Die Mitarbeiterin bringt Bananen. Monika ist glücklich. Danach kauft Monika Salat. Sie isst oft Salat zum Abendessen. Monika denkt, dass Salat gesund und lecker ist. Für den Mittag kauft Monika Reis und Gemüse. An der Kasse will sie sich in die Reihe stellen. Monika hat nicht viele Dinge in ihrem Wagen. „Möchten sie vorgehen?", fragt eine Frau. „Danke, gerne", antwortet Monika. Sie denkt, dass die Frau sehr nett ist. „Ich möchte etwas umtauschen", sagt ein Mann vor ihr. Monika hat nicht gewusst, dass man Dinge auch zurückgeben kann, weil man nicht zufrieden ist. Das Umtauschen geht schnell, danach ist Monika an der Reihe. „Sieben (7) neunundneunzig (99)", sagt die Kassiererin. Monika gibt ihr das Geld und geht zu ihrem Auto. Jetzt hat sie genug Lebensmittel für eine Woche. Monika fährt langsam nach Hause.

Fragen
- Was macht Monika jeden Samstag?
- Was kauft Monika?
- Gibt es noch Bananen und wo sind sie?
- Was denkt Monika über Salat?
- Was ist ein Umtausch?
- Wie viel bezahlt Monika?

Wortschatz

Das Obst – the fruit
Das Gemüse – the vegetable
Das Ding – the thing
dünn – thin
Das Papier – the paper
alles aufschreiben – to write everything down
es nennen – to call it
Das Lager – the storage
warten – to wait
ohne – without
Die Mitarbeiterin – the employee

danach – afterwards
gesund - healthy
lecker – tasty
sich in die Reihe stellen – to queue up
nett – kind
denken – to think
etwas umtauschen – to return something / to exchange something
zufrieden – satisfied
Die Lebensmittel – the food
langsam – slow

23. Auf der Autobahn

Matthias fährt heute auf der Autobahn. Auf der Autobahn darf man oft so schnell fahren, wie man will. Viele Leute kommen deshalb nach Deutschland. Sie wollen schnell fahren, aber in ihrer Heimat ist es verboten. Matthias kommt aus Frankreich. In Frankreich darf man nur hundertdreißig (130) km/h fahren. Deutschlands Autobahnen sind sehr gut. Es gibt kaum schlechte Autobahnen. In anderen Ländern sind Autobahnen oft kaputt. Man muss auf der Autobahn aufpassen. Manchmal fahren Leute schneller, als zweihundert (200) km/h. Es ist wichtig, dass man gut aufpasst. Unfälle passieren schnell, und sind sehr gefährlich. Manchmal sieht man auf der Autobahn einen Unfall. Wenn ein Unfall passiert, dann gibt es einen Stau. Es dauert oft einige Stunden, bevor man weiterfahren kann. Matthias fährt heute nicht schnell. Er hat es nicht eilig. Er will seine Großmutter besuchen. Er fährt drei (3) Stunden bis zu seiner Großmutter. Das ist sehr lang, aber er hat seine Großmutter schon lange nicht gesehen. Bei seiner Großmutter gibt es Kaffee und Kuchen. Um sieben (7) Uhr fährt Matthias wieder nach Hause. Er fährt wieder auf der Autobahn.

Fragen
- Wie schnell darf man auf der Autobahn fahren?
- Woher kommt Matthias
- Warum muss man auf der Autobahn aufpassen?
- Was kann man auf der Autobahn manchmal sehen?
- Wie lange fährt Matthias zu seiner Großmutter?
- Was gibt es bei seiner Großmutter?

Wortschatz
Die Autobahn – the highway
so schnell wie man will – as fast as you want
Die Heimat – the homeland
verboten – forbidden
kaum – rarely
manchmal – sometimes
Das Land – the country
kaputt – broken
aufpassen – to watch out
Der Unfall – the accident
gefährlich – dangerous
Der Stau – the traffic jam
einige – a couple of
es eilig haben – to be in a hurry
Der Kuchen – the cake

24. Der Sprachkurs

Ich bin Paul. Ich bin zwanzig Jahre alt und mache einen Sprachkurs in Deutschland. Ich habe Deutsch in der Schule gelernt, aber ich will mehr lernen. Ich will lernen, flüssig zu lesen und zu sprechen. Deutsch ist nicht einfach, aber ich lerne jeden Tag neue Dinge. Ein Sprachkurs im Ausland ist gut, um flüssig zu sprechen. „Besser kann man eine Sprache nicht lernen", hat meine Mutter gesagt. Ich denke, das ist richtig. Wenn man viel spricht, dann lernt man schneller. Es ist egal, dass man Fehler macht. Jeder macht Fehler und auch Deutsche machen bei ihrer eigenen Sprache Fehler. Meinen Sprachkurs mache ich an einer Universität. Mein Lehrer ist sehr jung. Er erzählt uns, dass er letztes Jahr mit dem Studieren fertig geworden ist. Er hat Deutsch studiert. In meinem Sprachkurs sprechen wir über viele verschiedene Dinge. Wir reden über unsere Familien, erzählen wo wir wohnen und sprechen über das Wetter. Ich lerne viele Dinge, die ich direkt benutzen kann, deshalb mag ich meinen Sprachkurs.

Fragen
- Wie alt ist Paul?
- Was will Paul lernen?
- Wofür ist ein Sprachkurs im Ausland gut?
- Was sagt Pauls Mutter?
- Worüber redet Paul in seinem Sprachkurs?
- Wo macht Paul seinen Sprachkurs?

Wortschatz
Der Sprachkurs – the language course
flüssig – fluent
einfach – easy
Das Ausland – the foreign country
es ist egal – it does not matter
Der Fehler – the mistake
erzählen – to tell
letztes Jahr – last year
Das Wetter – the weather
benutzen – to use

25. Das Wetter ist schlecht

Draußen regnet es. Es regnet seit fünf Tagen. Ich will nach draußen und mit anderen Kindern spielen, aber ich kann nicht, weil es regnet. Ich hasse es, wenn es regnet. Zuhause ist es langweilig. Meine Freunde kommen zu Besuch. Wir spielen Karten, schauen fern, und essen Snacks. Meine Mutter sagt, dass es morgen auch regnen soll. Ich fange fast an zu weinen. Ich will nicht noch länger zuhause bleiben. „Morgen", sage ich, „gehe ich nach draußen. Egal ob es regnet oder nicht." „Das ist nicht schlau", bemerkt meine Mutter, „wenn man bei Regen draußen spielt, dann kann man schnell krank werden." Ich denke über das, was meine Mutter gesagt hat, nach. Es klingt richtig, aber ich will trotzdem nach draußen.

Fragen
- Wie lange regnet es?
- Was willst du draußen machen?
- Was machen du und deine Freunde zuhause?
- Warum fängst du fast an zu weinen?
- Was passiert, wenn man im Regen spielt?

Wortschatz
draußen – outside
regnen – to rain
Das Kind – the child
es hassen – to hate it
langweilig – boring
zu Besuch – for a visit
Karten spielen – to play cards
fernsehen – to watch TV
weinen – to cry
egal ob – regardless of whether
schlau – smart
bemerken – to point out
klingen – to sound
trotzdem – nevertheless

26. Emma nimmt den falschen Bus

Emma ist zu spät und sie weiß nicht, welchen Bus sie nehmen muss. Sie nimmt den ersten Bus, der kommt. Emma ist in die falsche Richtung gefahren. Als sie es bemerkt, steigt sie aus. Sie fragt einen Mann, nach dem richtigen Bus. „Entschuldigen sie bitte, ich habe den falschen Bus genommen. Können sie mir bitte sagen, welchen Bus ich nehmen muss? Ich muss zur Universität. „Der Mann denkt kurz nach. Er geht zu einem Schild. Auf dem Schild ist der Fahrplan. Er sagt: „Der nächste Bus zur Universität fährt in fünf (5) Minuten. Es ist der Bus einhundertfünf (105)." Emma ist froh, dass der Mann ihr helfen kann. „Vielen Dank, wissen sie wie lange es dauert, bis der Bus an der Universität ankommt?", will Emma wissen. „Nein tut mir leid, das müssen sie den Busfahrer fragen. Der wird es wissen.", antwortet der Mann. Der Bus kommt an und Emma steigt ein. „Wann kommen wir an der Universität an?", fragt Emma den Busfahrer. Wir fahren zwanzig (20) Minuten bis zur Universität", antwortet er. „Danke schön", sagt Emma. „Kein Problem, gute Fahrt", wünscht der Busfahrer.

Fragen
- Welchen Bus nimmt Emma?
- Was macht Emma als sie es bemerkt?
- Wohin muss Emma?
- Welchen Bus muss Emma nehmen?
- Wie lange fährt Emma bis zur Universität?

Wortschatz
zu spät sein – to be late
falsch – wrong
Die Richtung – the direction
bemerken – to notice
aussteigen – to get out
richtig – right
nachdenken – to ponder / to think
Das Schild – the sign
Der Fahrplan – schedule
der nächste – the next
froh sein – to be glad
helfen – to help
einsteigen – to enter / to board
ankommen – to arrive
wünschen – to wish

27. Mein Traum

In der Zukunft will ich mein eigenes Haus haben. Ich will einen großen Garten mit hübschen Blumen. Ich will auch ein Gemüsebeet haben. In meinem Gemüsebeet werden die größten Gurken und die saftigsten Tomaten der Welt wachsen. Ich will eine wunderschöne Frau haben und schlaue Kinder. Ich will fünf (5) Kinder und einen struppigen Hund haben. Wenn ich alt bin, dann will ich viele Enkel haben, die in meinem Garten spielen und Spaß haben. Ich werde ihnen beim Spielen zuschauen und mich freuen, wie lebhaft es in meinem Garten ist. Ich will auch mindestens drei (3) Autos haben. Autos sind meine Leidenschaft, aber ich habe jetzt nicht genug Geld dafür. In der Zukunft werde ich immer genug Geld haben. Ich träume gerne von der Zukunft, aber es ist auch wichtig, die Gegenwart zu beachten. Meine Frau sagt, dass ich ein verträumter Mann bin. Sie sagt, dass sie das mag. „Ein Mann ohne Träume ist langweilig.", sagt sie.

Fragen
- Was willst du in Zukunft haben?
- Was wächst in deinem Garten?
- Wie viele Kinder willst du haben?
- Was ist deine Leidenschaft?
- Was mag deine Frau?

Wortschatz

In der Zukunft – in the future
mein eigenes – my own
hübsch – pretty
Die Blume – the flower
Die Gurke – the cucumber
saftig – juicy
Die Welt – the world
wunderschön – pretty
schlau – smart
struppig – fuzzy
Der Enkel – the grandchild
Der Spaß – the fun

zuschauen – to watch
sich freuen – to be happy
lebhaft – lively
mindestens – at least
Die Leidenschaft – the passion
nicht genug Geld – not enough money
dafür – for it
ich träume gerne – i like to dream
Die Gegenwart – the present
beachten – to pay attention
verträumt – dreamy

28. Wieder auf der Bank

Ich warte, bis ich an der Reihe bin. Vor mir stehen fünf (5) Leute. Ich stehe schon zwanzig Minuten in der Reihe. Endlich kann ich mit einem Mitarbeiter sprechen. „Ich bin Student, und werde die nächsten zwei (2) Jahre in Deutschland studieren. Ich will ein Konto eröffnen", sage ich dem Mitarbeiter. Der Mitarbeiter überlegt kurz. „Kann ich bitte ihren Reisepass sehen?", will er wissen. Ich gebe ihm meinen Reisepass. Im Reisepass ist mein Visum. Er nickt und fängt an, meine Daten in seinen Computer zu tippen. „Wie lange sind sie in Deutschland und brauchen sie eine Kreditkarte?", fragt er. Ich sage: „Nein, eine Kreditkarte brauche ich nicht." Der Mitarbeiter eröffnet ein Konto für mich. „Hier ist der Vertrag, bitte lesen sie alles sorgfältig und unterschreiben sie hier:", sagt der Mann. Ich lese den Vertrag. Er ist sehr lang und ich lese ihn nicht genau. Am Ende unterschreibe ich den Vertrag. „An unseren Geldautomaten kostet das Geldabheben kein Geld. Bei einer anderen Bank kostet es fünf (5) Euro", informiert er mich. Ich nicke. Das weiß ich schon. Mein deutscher Freund hat es mir gesagt.

Fragen
- 1Wie viele Leute stehen vor dir?
- Wie lange wartest du schon?
- Was will der Mitarbeiter sehen?
- Was unterschreibst du?
- Was kostet das Geldabheben?

Wortschatz

warten bis man an der Reihe ist – to wait for your turn	nicken – to nod
in der Reihe – in the queue	Die Daten – the data
Endlich – finally	tippen – to type
Der Mitarbeiter – the employee	brauchen – to need
die nächsten zwei Jahre – the next two years	Der Vertrag – the contract
Das Konto – a bank account	sorgfältig – carefully
eröffnen – to open	unterschreiben – to sign
kurz – shortly	genau – exactly
Der Reisepass – the passport	Der Geldautomat – ATM
	abheben – to withdraw

29. Beim Arzt

Ich muss zum Arzt. Ich habe Kopfschmerzen. Ich rufe einen Arzt an. „Guten Tag, ich hätte gerne einen Termin", sage ich. „Geht es bei ihnen um siebzehn (17) Uhr?", will die Mitarbeiterin wissen. „Ja das ist gut", antworte ich. Um halb fünf (5) steige ich in mein Auto ein, und fahre zum Arzt. Am Eingang sitzt eine Frau hinter einem großen Tisch. „Entschuldigen sie bitte, ich habe angerufen. Ich habe einen Termin um fünf (5) Uhr", sage ich. „Guten Tag, gehen sie bitte in das Wartezimmer. Meine Kollegin wird sie rufen", sagt die Frau freundlich. Ich nicke und sage: „Danke schön!" Nach zehn (10) Minuten werde ich gerufen: „Herr Maier, bitte gehen sie in das Zimmer mit der Nummer zwei (2). Im Zimmer sitzt der Arzt. „Was kann ich für sie tun?", will er wissen. „Ich habe Kopfschmerzen und brauche Medizin", sage ich. „Legen sie sich bitte auf das Bett", sagt der Arzt. Ich lege mich auf das Bett und der Arzt untersucht mich. „Es ist nicht schlimm", sagt er. Der Arzt schreibt auf ein Papier, welche Medizin ich nehmen muss. Ich fahre wieder nach Hause. Auf dem Weg nach Hause halte ich bei der Apotheke an und kaufe meine Medizin. Es geht mir schnell wieder besser.

Fragen
- Warum musst du zum Arzt?
- Wann ist dein Termin?
- Wo wartest du?
- Was brauchst du?
- Wo hältst du auf dem Weg nach Hause?

Wortschatz

Der Kopfschmerz – the headache	Das Zimmer – the room
anrufen – to call (phone)	Der Arzt – the doctor
ich hätte gerne – i would like to have	was kann ich für sie tun? - how can i help you
geht es – is it possible	brauchen – to need
Der Eingang – the entrance	untersuchen – to examine
Der Termin – the appointment	Das Papier – the paper
Das Wartezimmer – the waiting room	aufschreiben – to write down
freundlich – friendly	Die Apotheke – the pharmacy
rufen – to call	besser gehen – to feel better

30. Die Zugfahrt nach München

Ich sitze im Zug nach Frankfurt. Ich will nach München. In Frankfurt muss ich den Zug wechseln. Wir sind schon eine halbe Stunde zu spät. Wenn wir in Frankfurt ankommen, dann sind wir eine Stunde zu spät. Ich frage den Schaffner: „Kann ich meinen Zug in München erreichen?" „Einen Moment, das muss ich nachschauen", sagt der Schaffner. „Nein, das können sie nicht, aber ich kann ihnen einen anderen Zug suchen." „Ja bitte, ich kann das nicht nachschauen", antworte ich. „Kein Problem, wir kommen auf Gleis drei (3) um vier (4) Uhr und zwanzig (20) Minuten an. Sie können den Zug nach Salzburg, auf Gleis vier (4), direkt gegenüber, nehmen. Dieser Zug hält auch in München", sagt der Schaffner. Ich überlege. „Kostet das mehr?", will ich wissen. Der Schaffner lächelt. „Nein, es ist unser Fehler, das kostet sie nichts", sagt er. Ich bin froh. Ich will nicht mehr bezahlen, wenn mein Zug zu spät kommt.

Fragen
- Wo willst du hin?
- Wie spät seid ihr in Frankfurt?
- Kannst du deinen Zug in München erreichen?
- Auf welchem Gleis kommst du Frankfurt an?
- Warum kostet der neue Zug nichts?

Wortschatz
im Zug sitzen – to be on the train
wechseln – to change
zu spät sein – to be to late
ankommen – to arrive
Der Schaffner – the conductor
erreichen – to reach
es nachschauen – to look it up
Das Gleis – the platform
direkt gegenüber – directly across from it
halten – to stop
lächeln – to smile
Der Fehler – the mistake
froh sein – to be glad
mehr bezahlen – to pay more

31. Weihnachten

Heute ist der vierundzwanzigste Dezember. Es ist Weihnachten. In unserem Wohnzimmer steht ein Weihnachtsbaum. Wir haben den Weihnachtsbaum mit farbigen Kugeln geschmückt und eine Lichterkette um den Baum gehängt. Unter dem Weihnachtsbaum liegen viele Geschenke. Sie sind in farbiges Papier gewickelt. Im Haus riecht es festlich. Es riecht nach Tannennadeln und Plätzchen. Alle sind aufgeregt. Welche Geschenke sind für uns? Was kriegen wir geschenkt? Was gibt es zu essen? Ich habe viele Fragen, aber ich bekomme keine Antworten. „Das ist ein Geheimnis", sagt meine Frau. Ich liebe Weihnachten. Es ist eine schöne Zeit. Unsere Kinder sind aufgeregt und fröhlich. Immer wieder nehmen sie die Geschenke in ihre Hände. Sie schütteln die Geschenke. Um acht (8) Uhr öffnen wir die Geschenke. Ich liebe es, wenn meine Kinder lachen und alle glücklich sind. Geschenke sind das Beste an Weihnachten, sagen meine Kinder. Ich denke das nicht. Ich denke, das leckere Essen ist das Beste an Weihnachten. Das Essen, und meine Kinder lachen zu sehen. Meine Frau denkt das auch. Wir sind eine glückliche Familie. Nicht nur an Weihnachten.

Fragen

- Warum steht in eurem Wohnzimmer ein Weihnachtsbaum?
- Was hängt um den Baum?
- Warum bekommst du keine Antworten?
- Wann öffnet ihr die Geschenke?
- Was ist das Beste an Weihnachten?

Wortschatz

Weihnachten – Christmas
Das Wohnzimmer – the living room
farbig – colored
Die Kugel – the sphere
schmücken – to decorate
hängen – to hang
Das Geschenk – the gift
wickeln – to wrap
riechen – to smell
festlich – festive

Das Plätzchen – the biscuit
aufgeregt – excited
Die Frage – the question
Die Antwort – the answer
Das Geheimnis – the secret
fröhlich – happy
immer wieder – again and again
schütteln – to shake
lecker – tasty
nicht nur – not only

32. Karneval

In Köln ist Karneval. Es ist ein lustiges und lautes Fest. Man trifft viele verkleidete Leute. Es gibt bunte Kostüme, aber auch einfarbige. Ich bin als Polizist verkleidet und meine Freundin ist als Doktor verkleidet. Wir laufen durch die Straßen und essen Süßigkeiten. Überall hört man Musik und viel Gelächter. Wir trinken Bier mit unseren Freunden und haben eine Menge Spaß. Karneval kann lustig, aber auch merkwürdig sein. Die Stimmung ist gut und die Leute feiern. Sie singen, tanzen und lachen. Man sieht, dass alle fröhlich sind. Es ist das bunteste Fest in Deutschland. In Köln feiern viele Leute Karneval. Jeder freut sich auf den Karneval. Viele Leute sind als Tiere verkleidet. Ich sehe eine Frau mit einem Katzenkostüm und ein Ehepaar, das als Elefant verkleidet ist. Ich bin als Polizist verkleidet. Es ist heiß in meinem Kostüm, aber ich merke das nicht, weil ich so viel Spaß habe. Am Abend gehe ich erschöpft, aber glücklich, nach Hause.

Fragen

- Was für ein Fest ist Karneval?
- Als was bist du verkleidet?
- Was machst du mit deinen Freunden?
- Als was ist das Ehepaar verkleidet?
- Was machen die Leute?

Wortschatz

lustig – funny
Das Fest – the festival
verkleiden – to disguise
Das Kostüm – the costume
einfarbig – single-colored
Das Gelächter – the laughter
merkwürdig – strange
Die Stimmung – the mood
feiern – to celebrate
singen – to sing

tanzen – to dance
lachen – to laugh
bunt – colorful
sich freuen – to look forward to
Das Tier – the animal
Das Ehepaar – the married couple
Der Affe – the ape
heiß – hot
etwas merken – to notice
erschöpft – exhausted

33. Meine erste Arbeit

Heute ist mein erster Arbeitstag. Mein Studium habe ich letzten Monat beendet. Mein Vorstellungsgespräch ist nicht einfach gewesen. Ich habe viele schwere Fragen beantworten müssen. Nach dem Vorstellungsgespräch habe ich einen Anruf bekommen. „Der Mann am Telefon sagte, dass ich nächsten Monat mit der Arbeit beginnen kann. Ich war sehr glücklich darüber. Ich hab von dieser Arbeit lange geträumt. Meine Aufgabe ist das Sammeln von Daten. Ich weiß das klingt langweilig, aber ich mag das. Es ist eine interessante Aufgabe. Letzte Woche habe ich schon einen Tag gearbeitet. Meine Kollegen haben mir alles gezeigt und mir Tipps gegeben. Ich habe nette Kollegen. Sie waren sehr freundlich und haben mir viel geholfen. Sie wollen mir auch in Zukunft helfen. Irgendwann werde ich auch neuen Leuten helfen.

Fragen
- Was für ein Tag ist heute?
- Wann hast du dein Studium beendet?
- Wann hast du einen Anruf bekommen?
- Was ist deine Aufgabe?
- Was hast du letzte Woche gemacht?

Wortschatz
letzten Monat – last month
Das Vorstellungsgespräch – job interview
schwer – hard / difficult
Der Anruf - the phone call
Die Frage – the question
Der nächste Monat – the next month
glücklich darüber sein – to be happy about it
lange – for a long time
träumen – to dream
Das Sammeln – the collecting
Die Daten – the data
klingen – to sound
Die Aufgabe – the task
zeigen - to show
geben – to give
nett – kind
irgendwann – sometime

34. Prüfung

An meiner Universität ist Prüfungszeit. In dieser Zeit schreiben alle Studenten ihre Prüfungen. Die Studenten lernen sehr viel vor den Prüfungen, aber nicht alle Prüfungen sind gut. Manchmal müssen die Studenten Prüfungen neu schreiben. Dieses Jahr schreibe ich drei (3) Prüfungen. Ich habe ein wenig Angst, aber ich weiß, dass es nicht schlimm wird. Ich bin gut vorbereitet. Wir schreiben die Prüfung in einem großen Raum. Während der Prüfung ist es leise. Man kann das Schreiben hören. Ich beantworte alle Fragen. Ich habe keine Probleme. Es ist leicht gewesen. Ich bin froh, dass meine Prüfungen vorbei sind. Jetzt kann ich mehr Sport treiben und mehr lesen. Ich habe Zeit für meine Hobbys und kann meine Freunde treffen. Am Abend nach der Prüfung gehen wir in eine Bar und trinken Bier. Wir feiern und haben Spaß. Nächstes Jahr schreibe ich wieder Prüfungen.

Fragen
- Was machen Studenten in der Prüfungszeit?
- Was müssen Studenten manchmal machen?
- Wie viele Prüfungen schreibst du dieses Jahr?
- Was kannst du machen, wenn die Prüfungen vorbei sind?
- Was machst du am Abend nach der Prüfung?

Wortschatz
Die Prüfungszeit – exam time
ein wenig Angst – a little bit of anxiety
schlimm – bad
Der Raum – the room
während – during
leise – quiet
hören – to hear
beantworten – to answer
leicht – easy
vorbei sein – to be over
Zeit haben für – to have the time for

35. Essen bestellen

„Hallo, ist da der Pizzaservice?", frage ich. „Ja, wie kann ich ihnen helfen?", antwortet der Mann. „Ich würde gerne eine Salamipizza bestellen", sage ich. „Groß, mittel oder klein?", will der Mann wissen. „Wie groß ist groß und wie groß ist mittel?", frage ich. „Groß sind zweiunddreißig (32) Zentimeter, mittel sind fünfundzwanzig (25) Zentimeter.", beantwortet der Mann meine Frage. „Kann ich bitte extra Käse haben?", frage ich. „Natürlich, kein Problem, aber das kostet einen Euro mehr", sagt der Mann. „Alles klar, ich hätte gerne eine große Salamipizza, mit extra Käse. Wie lange dauert es?", sage ich. „Wie ist ihre Adresse?", will der Mann wissen. Ich sage ihm meine Adresse und er erklärt, dass das Liefern vierzig (40) Minuten dauert. Ich bedanke mich und beende den Anruf.

Fragen
- Mit wem sprichst du?
- Wie groß ist eine große Pizza?
- Gibt es extra Käse?
- Was bestellst du?
- Wie lang dauert es?

Wortschatz
Der Pizzaservice – pizza delivery service
wie kann ich helfen – how can i help
Ich würde gerne – I would like to
Der Käse – the cheese
natürlich – of course
kosten – to cost
wie lange – how long
erklären – to explain
beenden – to end

36. Die Hochzeit

Mein Freund heiratet heute. Wisst ihr wen er heiratet? Ja, richtig, er heiratet mich. Ich bin das glücklichste Mädchen, auf der ganzen Welt. Wir sind seit fünf (5) Jahren ein Paar. Wir haben nur wenige Gäste eingeladen. Wir wollen keine große Hochzeit. Es soll gemütlich und schön sein. Ich bin aufgeregt. Sehe ich gut aus? Ist meine Frisur schön? Sieht mein Kleid gut aus? Ich habe tausend (1000) Fragen. Meine beste Freundin will mich beruhigen. „Du siehst super aus, wunderschön und selbstbewusst. Du wirst sehen, es wird großartig." Ich kann das nicht glauben. Weil ich zu aufgeregt bin, kann ich nicht gut denken. Wir gehen in die Kirche. Ich trage ein weißes Kleid und Blumen in meinen Haaren. Man kann Musik hören und es riecht gut. Ich sehe meinen Freund. Er lächelt. Er sieht großartig aus. Ich habe keine Angst mehr und ich bin nicht mehr aufgeregt. Alles ist gut. Es ist ein fröhlicher Tag. Nach der Hochzeit ist mein Freund mein Ehemann. Der Gedanke gefällt mir.

Fragen
- Wen heiratet dein Freund?
- Habt ihr viele Gäste eingeladen?
- Was hast du für Fragen?
- Warum kannst du nicht gut denken?
- Welcher Gedanke gefällt dir?

Wortschatz

Die Hochzeit – the wedding
heiraten – to marry
glücklich – happy
Das Mädchen – the girl
Ein Paar – a couple
Der Gast – the guest
gemütlich – comfortable
aufgeregt – excited
Die Frisur – the hairstyle
Das Kleid – the dress

beruhigen – to calm down
aussehen – to look
selbstbewusst – confident
großartig – great
glauben – to believe
Die Kirche – the church
riechen – to smell
Die Angst – the anxiety
Der Ehemann – the husband
Der Gedanke – the thought

37. Im Taxi

Ich bin in einem Taxi und ich will ins Zentrum fahren. "Wohin soll ich fahren?", fragt der Fahrer. "Ins Zentrum", sage ich. "Humboldt-Straße fünf (5)." „Alles klar", antwortet der Fahrer." Sind sie Tourist?", fragt der Mann. "Ja, ich mache Urlaub. Normal wohne ich in Schweden", antworte ich. "Schweden ist ein schönes Land", sagt der Taxifahrer. „Ja das ist es", antworte ich. Das Taxi fährt schnell. „In zwanzig (20) Minuten sind wir im Zentrum", sagt der Fahrer. „Danke, das ist schnell", sage ich. Während der Fahrt schaue ich aus dem Fenster. Manchmal sehe ich Bäume, manchmal sehe ich Häuser. Frankfurt sieht interessant aus. Das Taxi stoppt. „Wir sind da", sagt der Fahrer. „Das kostet vierundzwanzig (24) Euro". Ich bezahle und steige aus. Frankfurt sieht interessant aus.

Fragen
- Wohin willst du fahren?
- Wo wohnst du normal?
- Wie lange fährst du bis zum Zentrum?
- Was machst du während der Fahrt?
- Was siehst du?
- Wie viel kostet die Fahrt?

Wortschatz
Das Zentrum – the center
Der Fahrer – the driver
Der Urlaub – the vacation
wohnen – to live
Das Land – the country
schnell – fast
während – during
Das Fenster – the window
manchmal – sometimes
aussteigen – to get out / to exit

38. Im Hotel

„Guten Tag", sagt die Dame am Empfang „Hallo, ich habe ein Zimmer reserviert", erwidere ich. Die Dame hat blonde Haare und rote Lippen. Sie ist schön. "Wie ist ihr Name?", frag die Dame. "Max Weber", sage ich. "Weber...Einen Moment bitte". Die Dame sucht meine Reservierung. "Ja sie haben eine Reservierung. Brauchen sie Hilfe mit dem Gepäck?", fragt sie. Weil mein Koffer klein ist, sage ich: "Nein danke." "Zimmer Nummer dreihundertelf (311)", sagt die Frau. „Bis wann muss ich auschecken?", will ich wissen. „Am Morgen um elf (11) Uhr, müssen sie ausgecheckt haben", antwortet die Frau. „Ist das Frühstück inklusive?", frage ich. „Ja, sie können von sieben (7) bis neun (9) frühstücken. Es kostet nichts.", antwortet die Frau. "Danke, auf Wiedersehen", sage ich und gehe zum Fahrstuhl. "Der Fahrstuhl ist kaputt", sagt die Frau. "Sie müssen die Treppe benutzen." "Alles klar, danke", sage ich. Die Treppe ist lang. Nach fünfzehn (15) Minuten bin ich in meinem Zimmer.

Fragen
- Wie sieht die Frau am Empfang aus?
- Brauchst du Hilfe mit deinem Gepäck?
- Welche Nummer hat dein Zimmer?
- Wann kannst du frühstücken?
- Warum musst du die Treppe benutzen?

Wortschatz
Die Dame – the woman
Der Empfang – the reception
reservieren – to reserve
erwidern – to reply
Die Lippe – the lip
Das Gepäck – the luggage
bis wann? - until when?
Auschecken – to check out
inklusive - included
Der Fahrstuhl – the elevator
benutzen – to use
Das Zimmer – the room

39. Im Restaurant

In meinem Hotel gibt es ein Restaurant. Weil ich hungrig bin, gehe ich in das Restaurant. Ein Kellner kommt. "Was kann ich ihnen bringen?", will er wissen. "Ich weiß nicht", antworte ich. "Unser Steak ist sehr gut. Ein großes Steak kostet dreizehn (13) Euro und ein kleines Steak kostet neun (9) Euro. Unsere Salate sind auch sehr lecker. Ein großer Salat kostet acht (8) Euro und ein kleiner Salat kostet vier (4) Euro." "Ich nehmen ein kleines Steak und einen kleinen Salat bitte", antworte ich. "Alles klar, ein Steak und ein Salat. Was wollen sie trinken?", sagt er. "Ich hätte gerne ein Wasser", sage ich. "Alles klar, ist das alles?", fragt der Kellner. "Ja, das ist alles", sage ich. Nach fünfzehn (15) Minuten bringt der Kellner mir das Essen. "Danke", sage ich. "Guten Appetit!", sagt der Kellner. Der Salat ist sehr gut. Er ist mit Oliven, Tomaten, und Käse. Ich sehe auch ein paar Zwiebeln. Das Steak ist saftig und groß. Alles ist sehr lecker.

Fragen
- Warum gehst du in das Restaurant?
- Wie viel kostet ein kleiner Salat?
- Was nimmst du?
- Was trinkst du?
- Was ist in dem Salat?

Wortschatz
hungrig – hungry
Der Kellner – the waiter
kosten – to cost
lecker – tasty
Alles klar – alright
Der Käse – the cheese
Die Tomate – to tomato
ein paar – a couple of
Die Zwiebel – the onion
saftig – juicy

40. Im Museum

Mark besucht heute das deutsche Museum. Es ist ein riesiges Gebäude mit fünf (5) Etagen. Im Erdgeschoss ist der älteste Teil der Ausstellung und im fünften Geschoss ist der neuste Teil der Ausstellung. Es ist der Teil, auf den Mark sich am meisten freut. Am Eingang kauft Mark seine Eintrittskarte. Die Eintrittskarte kostet fünf (5) Euro. Mark denkt, dass das billig ist. Er findet die Ausstellung sehr interessant und informativ. Mark ist vier (4) Stunden in dem Museum und besucht jede Etage, dann ist er müde. Mark freut sich. Er hat viel über Deutschland und die Geschichte gelernt. Mark will das Museum am Wochenende seiner Freundin zeigen. Es ist dunkel, als Mark nach Hause geht.

Fragen
- Wie viele Etagen hat das Gebäude?
- Was ist im Erdgeschoss?
- Wo kauft Mark seine Eintrittskarte und was kostet sie?
- Wie lange ist Mark in dem Museum?
- Was hat Mark gelernt?

Wortschatz
besuchen – to visit
riesig – big
Die Etage – the floor
alt – old
Die Ausstellung – the exhibition
Das Geschoss – the floor
Eintrittskarte – entry ticket
billig – cheap
müde – tired
Die Geschichte – the history
Das Wochenende – the weekend
dunkel - dark

41. Ein Besuch

Jenny besucht heute ihre deutsche Freundin Mila. Mila ist siebenundzwanzig (27) Jahre alt und, wie Jenny, Studentin. Jenny ist aus Frankreich und freut sich sehr auf den Besuch. Mila ist Deutsche. Sie freut sich auch. Jenny will Deutsch sprechen und Mila will Französisch sprechen. Jenny findet Milas Haus schnell. Mila öffnet ihr die Tür. "Hallo Jenny, wie geht's?", fragt sie. "Gut, und dir? Alles klar?", antwortet Jenny. Mila bittet Jenny in das Haus. Ihre Wohnung ist klein, aber Jenny mag sie sehr. Seit einer Woche reist Jenny durch Deutschland und hat nur in Hotels gewohnt. "Wie war deine Reise?", will Mila wissen. Jenny antwortet: "Gut, aber anstrengend. Ich habe viele aufregende und interessante Dinge gesehen, aber das Reisen macht müde." "Ja, das kann ich verstehen", sagt Mila. "Willst du etwas essen oder trinken?", fragt Mila. "Ja, einen Kaffee bitte, ich bin müde", sagt Jenny. Jenny und Mila reden bis um elf (11) Uhr abends. Sie reden über Jennys Reise, über ihre Familie und ihr Studium. Jenny fragt Mila nach schönen Orten in Deutschland. Am nächsten Morgen fliegt Jenny nach Paris. Nächstes Jahr will Jenny wieder nach Deutschland reisen.

Fragen
- Wen besucht Jenny Heute?
- Woher kommt Jenny?
- Seit wann reist Jenny durch Deutschland?
- Wie war Jennys Reise?
- Was will Jenny trinken und warum?
- Worüber reden Jenny und Mila?

Wortschatz
besuchen – to visit
sich auf etwas freuen – to be looking forward to something
finden – to find
wie geht's – how are you
reisen – to travel
wohnen – to live
anstrengend – exhausting
aufregend – exciting
müde – tired
verstehen – to understand
Der Ort – the place
fliegen – to fly

42. Der Kaffee ist alle

Heute ist ein schlechter Morgen, weil der Kaffee alle ist. "Wir haben keinen Kaffee mehr", sagt meine Freundin. "Bist du sicher?", frage ich. "Ja, ganz sicher. Ich habe überall gesucht", antwortet sie. Kaffee ist wichtig. Ohne ihn bin ich morgens müde. Ich mag es nicht, ohne Kaffee zu frühstücken. "Ich gehe den Nachbarn fragen", sage ich. Ich gehe zu meinem Nachbarn. "Können sie mir bitte ein bisschen Kaffee geben? Unser Kaffee ist alle", frage ich ihn. "Natürlich, kein Problem. Einen Moment bitte", sagt mein Nachbar. Mein Nachbar geht zurück ins Haus und ich warte. Nach fünf (5) Minuten kommt er zurück. "Hier bitte schön!", sagt er. Er gibt mir Kaffeepulver in einer Tasse. "Danke schön", antworte ich, und gehe nach Hause. "Hast du Kaffee bekommen?", will meine Freundin wissen. "Ja", sage ich. Ich koche Kaffee, dann trinke ich mit meiner Freundin Kaffee. Es ist ein guter Morgen.

Fragen
- Warum ist heute ein schlechter Morgen?
- Ist deine Freundin sicher, dass kein Kaffee mehr da ist?
- Wohin gehst du um nach Kaffee zu fragen?
- Was gibt dir dein Nachbar?
- Mit wem trinkst du Kaffee?

Wortschatz
schlecht – bad
alle sein – to be used up
sicher sein – to be sure
ganz sicher – absolutely sure
überall – everywhere
wichtig – important
ohne – without
natürlich – of course
warten – to wait
zurückkommen – to return
Die Tasse – the cup
bekommen – to get
kochen – to cook

43. Zu spät

Heute morgen habe ich verschlafen. Normalerweise muss ich um sechs (6) Uhr aufwachen und um sieben (7) Uhr gehe ich zur Arbeit. Heute bin ich um sieben (7) Uhr aufgewacht. Ich esse heute nicht. Ich dusche schnell, putze meine Zähne und setzt mich in mein Auto. Wenn ich schnell fahre, dann komme ich nur fünf (5) Minuten zu spät. Es ist starker Verkehr. Ich kann nicht schnell fahren und ich werde wütend. Warum müssen alle um sieben (7) Uhr zur Arbeit fahren. Endlich bin ich auf der Arbeit. Ich parke mein Auto, und gehe in das Gebäude. Die Sekretärin grüßt mich freundlich. Ich antworte kurz und gehe weiter. Mein Boss ist auch wütend. Er hat auf mich gewartet. Ich muss einen wichtigen Bericht schreiben. Ohne den Bericht kann mein Boss nicht weiterarbeiten. Ich schreibe den Bericht. Nach einer Stunde bin ich fertig. Ich bin müde und mache eine Pause. In der Pause trinke ich einen Kaffee und nach acht (8) Stunden fahre ich nach Hause.

Fragen

- Um wie viel Uhr musst du normalerweise aufstehen?
- Wann bist du heute Morgen aufgewacht?
- Warum kannst du nicht schnell fahren?
- Wer grüßt dich?
- Warum ist dein Boss wütend?
- Was machst du in der Pause?
- Wann fährst du nach Hause?

Wortschatz

verschlafen – to oversleep
aufwachen – to wake up
duschen – to take a shower
putzen – to clean
zu spät – to late
starker Verkehr – heavy traffic
endlich – finally
Das Gebäude – the building
freundlich – friendly
kurz – shortly
wütend – angry
wichtig – important
Der Bericht – the report
Die Pause – the break

44. Sonntag

Heute ist Sonntag. Am Sonntag muss ich nicht arbeiten. Nur wenige Leute müssen am Sonntag arbeiten. Es ist ein ruhiger Tag. Die Nachbarn sitzen im Garten und frühstücken. Vor dem Haus spielen Kinder auf der Straße. Ich frühstücke Brot mit Käse und trinke Kaffee. Nach dem Frühstück, lege ich mich in die Sonne und schlafe. Alles ist ruhig. Am Sonntag muss jeder leise sein. Niemand darf im Garten arbeiten, oder im Garten laut sein. Ich mag den Sonntag und seine Ruhe. Am Mittag sitze ich im Garten und lese ein Buch. Ich sehe meinen Nachbarn. Er gießt seine Blumen. Wir reden ein paar Worte, danach gehe ich in mein Haus. Ich schaue einen Film und koche Abendessen. Es gibt Nudeln mit Tomatensoße und einen großen Salat zum Abendessen. Nach dem Abendessen sitze ich auf meinem Sofa. Ich denke an den Montag. Am Montag muss ich wieder früh aufstehen und arbeiten. Am Montag sind es sechs (6) Tage bis zum nächsten Sonntag. Das macht mich traurig.

Fragen

- Warum musst du heute nicht arbeiten?
- Wer sitzt im Garten und was machen sie?
- Was frühstückst du und was trinkst du?
- Was machst du am Mittag?
- Was machst du am Abend?
- Was isst du am Abend?
- Was macht dich traurig?

Wortschatz

wenige – few
Das Brot – the bread
Der Käse – the cheese
ruhig – calm
leise – quiet
niemand – no one
laut – loud
Blumen gießen – to water the flowers
ein paar Worte – a couple of words
danach – afterwards
einen Film schauen – to watch a movie
denken – to think
früh – early
traurig – sad

45. Auf der Bank

Am Morgen gehe ich zur Bank. Ich muss Geld wechseln. Ich will eine Reise machen, aber ich kann dort nicht mit meinem normalen Geld bezahlen. In der Bank ist es kühl und leise. Die Leute flüstern. Alles ist sehr professionell. Ich brauche fünfhundert (500) Euro für meinen Urlaub. Ich weiß nicht, wie viele Dollar ich für fünfhundert (500) Euro bekomme. Ich muss warten, weil andere Leute vor mir stehen. Nach zehn (10) Minuten spreche ich mit einem Mitarbeiter. Er sagt, dass ich fünfhundertsiebzig (570) Dollar bekomme. Das klingt mehr als fünfhundert (500) Euro, ist aber das Gleiche. Der Mitarbeiter gibt mir fünfhundertsiebzig (570) Dollar. Ich stecke sie in meinen Geldbeutel und ich gehe auf die Straße. Ich bin froh, dass das Geldwechseln so schnell war. In zwei (2) Tagen fliege ich nach Amerika. Ich bin schon sehr aufgeregt. Auf dem Weg nach Hause denke ich an meine Reise.

Fragen
- Was machst du auf der Bank?
- Wie viel Geld brauchst du für deinen Urlaub?
- Warum musst du warten?
- Wie viel Geld gibt dir der Mitarbeiter?
- Warum bist du froh?
- Woran denkst du auf dem Weg nach Hause?

Wortschatz
Die Bank – the bank
Die Reise – the trip
Das Geld- the money
bezahlen – to pay
Der Urlaub – the vacation
klingen – to sound
stecken – to stick / to put
Der Geldbeutel – the wallet
Das Geldwechseln – exchange of money
fliegen – to fly
aufgeregt - excited

46. Abendessen

"Haben wir noch Tomaten?", fragt meine Mutter. Ich schaue in den Kühlschrank. "Nein, wir haben keine Tomaten", sage ich, "aber wir haben Zwiebeln und Paprika." Meine Mutter denkt nach. "Machen wir Salat? will mein kleiner Bruder wissen. Mein kleiner Bruder und meine große Schwester lieben Salat. "Ja, Salat und Kartoffeln, mit Spiegelei", antwortet meine Mutter. Sie wäscht, in der Spüle, den Salat. Ich schäle die Zwiebeln, mein großer Bruder und meine kleine Schwester schälen die Kartoffeln. "Seid ihr fertig?", fragt meine Mutter meine Geschwister. "Ja", sagen sie. Meine Mutter schneidet die Kartoffeln in kleine Stücke und legt sie in die Pfanne. Ich mache Salatsoße. "Stelle bitte Teller und Gläser auf den Tisch", sagt mein Vater zu meiner Schwester. Meine Schwester stellt Teller und Gläser auf den Tisch und legt Messer und Gabeln auf den Tisch. Das Essen ist fertig. Der Salat schmeckt sehr lecker. Ich esse viele Kartoffeln und ein Spiegelei. Nach dem Essen putze ich meine Zähne, dann gehe ich in mein Bett.

Fragen
- Gibt es noch Tomaten?
- Was macht ihr?
- Was machst du und was dein Bruder und deine Schwester?
- Was macht deine Mutter?
- Was stellt deine Schwester auf den Tisch?
- Was machst du nach dem Essen?

Wortschatz
Die Tomate – the tomato
Der Kühlschrank – the fridge
Die Zwiebel – the onion
nachdenken – to ponder
waschen – to wash
Die Spühle – the sink
schälen – to peel
fertig sein – to be finished
schneiden – to cut
klein – small
Das Stück – the piece
stellen – to put
schmecken – to taste
lecker - tasty

47. Meine kleine Schwester

Meine kleine Schwester ist in der elften Klasse. Ihr Unterricht beginnt um acht (8) Uhr und endet um fünfzehn (15) Uhr. Nach der Schule fährt sie mit dem Bus nach Hause. Die Fahrt ist fünfundvierzig (45) Minuten lang. Wenn meine Schwester nach Hause kommt, dann ist sie sehr müde und legt sich dreißig (30) Minuten in ihr Bett. Am Nachmittag macht sie ihre Hausaufgaben. Sie mag keine Hausaufgaben. "Keiner mag Hausaufgaben, aber jeder muss seine Hausaufgaben machen", sagt meine Mutter immer. Am Abend macht meine Schwester oft Sport. Sie spielt Volleyball und geht joggen. Nach dem Abendessen lernt sie für die Schule. Meine kleine Schwester steht früh auf und geht spät ins Bett. Am Morgen ist sie immer sehr müde. Manchmal ist sie zu spät, aber sie sagt, dass das nicht schlimm ist. Ich bin nie zu spät. Ich gehe immer früh ins Bett.

Fragen
- In welcher Klasse ist deine Schwester?
- Wann beginnt ihr Unterricht?
- Was macht deine Schwester, wenn sie nach Hause kommt?
- Was macht deine Schwester am Nachmittag?
- Was macht sie nach dem Abendessen?
- Warum bist du nie zu spät?

Wortschatz
Der Unterricht – the lesson
müde – tired
Die Hausaufgabe – the homework
keiner – no one
jeder – everyone
lernen – to learn / to study
früh – early
spät – late
immer – always
nie - never

48. Die Bar

Es ist Freitag. Heute Abend gehe ich in eine Bar. Meine Freunde gehen auch in die Bar. In der Bar ist es sehr laut. Es sind viele Leute dort. Die Leute singen, tanzen, und trinken Bier. Ich trinke auch Bier. Ich rede mit meinen Freunden über meine Woche. Es gibt viel zu erzählen. Meine Freunde sind Studenten. Ich bin auch Student. Wir reden über das Studieren und über unsere Noten. Oft reden wir auch über Sport. Wir bleiben bis um zwölf (12) Uhr in der Bar, dann gehen wir nach Hause. Wir fahren mit dem Bus nach Hause. Wenn man getrunken hat, dann darf man in Deutschland nicht Auto fahren. Meine Freunde haben Autos, aber ich habe kein Auto. Das macht nichts. Ich laufe gerne. Ich laufe jeden Morgen zu meiner Universität und jeden Mittag wieder nach Hause. "Laufen ist auch Sport", sage ich immer. Meine Freunde lachen darüber.

Fragen
- Welcher Tag ist heute und was machst du am Abend?
- Was machen die Leute in der Bar?
- Worüber reden du und deine Freunde?
- Wie lange bleibt ihr in der Bar?
- Wann darf man in Deutschland nicht Auto fahren?
- Was machst du jeden Morgen?

Wortschatz
laut - loud
viele - many
dort – there
singen – to sing
tanzen – to dance
erzählen – to tell
Die Noten – the marks
bleiben – to stay
dürfen – to be allowed
auch – also
lachen – to laugh

49. Laura und Frederik

Laura und Frederik sind ein Paar. Sie haben sich vor drei Jahren getroffen und sie lieben sich sehr. Sie haben eine kleine Wohnung in Münster. In zwei Jahren wollen Laura und Frederik ein Haus kaufen. Häuser sind teuer, aber schön. Laura will ein Kind. Frederik denkt, dass es noch zu früh ist. Er will erst das Haus kaufen. Frederik arbeitet in einer Schule und Laura ist Malerin. Laura wohnt in Deutschland, aber sie kommt aus Italien. Frederik ist Deutscher. Laura und Frederik sprechen zu Hause Englisch. Laura kann kein Deutsch, aber sie lernt es. „Deutsch lernen dauert lange. Es macht nichts, dass du kein Deutsch sprichst", sagt Frederik immer. Wenn Frederik von der Arbeit nach Hause kommt, dann kocht Laura für ihn. Frederik liebt Lauras Essen. Er sagt oft, dass sie am besten kocht. Laura liebt das Kochen. Sie hat viele Bücher über das Kochen. Am besten kocht sie, wenn sie für Frederik kocht. In drei oder vier Jahren wollen Laura und Frederik heiraten. Letztes Jahr haben sie sich verlobt. Laura und Frederik lieben sich sehr.

Fragen
- Wann haben sich Laura und Frederik getroffen?
- Wo wohnen sie?
- Was will Laura?
- Wo arbeitet Frederik?
- Was macht Laura, wenn Frederik von der Arbeit nach Hause kommt?
- Wann kocht Laura am besten?
- Wann wollen Laura und Frederik heiraten?

Wortschatz
Das Paar – the couple
sich treffen – to meet
lieben – to love
klein – small
teuer – expensive
Das Kind – the child
früh – early
lang – long
oft – often
kochen – to cook
heiraten – to marry
verloben – to get engaged

50. Hände hoch!

"Hände hoch, das ist ein Überfall!", höre ich den Mann sagen. Ich habe Angst, weil ich sehe, dass er eine Pistole hat. "Was soll ich nur machen?", denke ich. Ich hebe meine Hände, wie er es wünscht. Der Mann kommt näher und ich fange an zu schwitzen. "Hast du Geld, oder ein Handy?",verlangt er zu wissen. Ich nicke. Ich habe beides. "In meiner linken Hosentasche ist mein Handy, in meiner rechten Hosentasche ist mein Geldbeutel", sage ich Der Mann lächelt und kommt näher. "Gib mir erst das Handy, dann den Geldbeutel", sagt er. Auch das noch. Ich hatte schon einen schlechten Arbeitstag und jetzt werde ich überfallen. "So ein Mist", denke ich. Ich hole zuerst mein Handy aus der Hosentasche, dann meinen Geldbeutel. Der Mann steckt beides in seine Hosentasche. Plötzlich höre ich Sirenen. "Zum Glück. Das ist die Polizei", denke ich. Der Mann fängt an zu rennen. Am Ende der Straße sehe ich Polizisten. Sie kommen näher. "Wo ist er?", fragt ein Polizist. Ich zeige mit meinem Finger in die Richtung, in die der Mann gerannt ist. Der Polizist rennt in diese Richtung. "Keine Angst", sagt der andere Polizist, "wir finden ihn!"

Fragen

- Warum hast du Angst?
- Was will der man wissen?
- Wo ist dein Handy und wo ist dein Geldbeutel?
- Warum fängt der Mann an zu rennen?
- Wohin rennt der Polizist?

Wortschatz

Die Pistole – the gun
wünschen – to wish
näher – closer
anfangen – to start
schwitzen – to sweat
verlangen – to demand
nicken – to nod
beides – both
Die Hosentasche – the pocket

Der Geldbeutel – the wallet
erst – firstly
überfallen – to rob
plötzlich - suddenly
zum Glück - luckily
rennen – to run
zeigen – to point
Die Richtung – the direction
finden – to find

51. Vergessen

Ich habe meinen Schlüssel vergessen. "So ein Mist". Jetzt stehe ich vor meiner Tür und komme nicht in mein Haus. Ich habe meine Frau angerufen, aber sie hat ihr Handy nicht gehört. Ich stehe schon seit einer Stunde vor meinem Haus. Meine Frau kommt erst in drei (3) Stunden nach Hause. Ich überlege in eine Bar zu gehen und etwas zu trinken. "Nein, das ist schlecht. Ich muss noch arbeiten", denke ich. Ich gehe in den Garten. Vielleicht kann ich durch ein Fenster klettern. Ich kann kein offenes Fenster sehen und die Gartentür ist auch verschlossen. Ich fluche, dann gehe ich wieder vor das Haus. "Soll ich den Schlüsseldienst anrufen?", überlege ich. Nein, der Schlüsseldienst ist teuer. Ich gehe zu meinem Nachbarn. "Habe ich ihnen einen Schlüssel für mein Haus gegeben?", frage ich ihn. „Ja, haben sie das vergessen?", fragt er. Ich bin erleichtert. "Ja, ich habe es vergessen", lasse ich ihn wissen. "Einen Moment, der Schlüssel hängt in der Küche", sagt mein Nachbar. Er geht in sein Haus. Nach wenigen Minuten kommt er zurück. "Hier ist ihr Schlüssel", sagt er. "Danke, endlich kann ich in mein Haus", sage ich. Ich bin froh, dass ich ihm den Schlüssel gegeben habe. Jetzt muss ich nicht vor meinem Haus auf meine Frau warten.

Fragen
- Wie lange stehst du schon vor deinem Haus?
- Wann kommt deine Frau nach Hause?
- Warum gehst du nicht in eine Bar?
- Warum kannst du nicht durch ein Fenster klettern?
- Worüber bist du froh?

Wortschatz

Der Schlüssel – the key
vergessen – to forget
hören – to hear
seit – since
erst in drei Stunden – only in three hours
überlegen – to ponder
klettern – to climb
offen – open

verschlossen – locked
fluchen – to curse
Der Schlüsseldienst – the locksmith service
teuer – expensive
geben – to give
erleichtert – relieved
wissen lassen – to let someone know
warten – to wait

52. Die Zugfahrkarte

Torsten hat sein Geld für die Zugkarte vergessen. Er steht vor dem Fahrkartenautomaten und denkt nach. Er überlegt, was er jetzt machen kann. Soll er seine Mutter anrufen, oder geht er wieder nach Hause. Torsten muss in die Stadt, um Medizin zu kaufen. Wenn er wieder nach Hause geht, dann kann er keine Medizin kaufen, weil die Apotheke dann geschlossen ist. Er ruft seinen Vater an. "Hallo Papa, ich habe mein Geld für die Zugfahrkarte vergessen", sagt er. "Das macht nichts, geh zu Onkel Peter, er wohnt neben dem Bahnhof und er kann dir Geld geben", erklärt sein Vater. Torsten ist erleichtert. Er geht zu seinem Onkel. Sein Onkel gibt ihm Geld für die Zugfahrkarte, dann fährt Torsten in die Stadt.

Fragen
- Was hat Torsten vergessen?
- Was überlegt Torsten?
- Was muss Torsten in der Stadt machen?
- Warum kann Torsten nicht wieder nach Hause gehen?
- Wer kann Torsten Geld geben?

Wortschatz
vergessen – to forget
Der Fahrkartenautomat – ticket machine
jetzt – now
kaufen – to buy
geschlossen – closed
Der Bahnhof – the railway station
wohnen – to live
neben – next to
erklären – to explain

53. Verlaufen

"Entschuldigen sie bitte, ich habe mich verlaufen. Können sie mir bitte helfen?", fragt Melanie einen Mann. "Natürlich, wie kann ich dir helfen? Was suchst du denn?", antwortet dieser. "Ich habe meine Mutter verloren und ich suche mein Hotel. Es ist in der Lutherstraße sechsunddreißig (36)", sagt Melanie. Der Mann überlegt kurz, dann sagt er: "Die Lutherstraße kenne ich, aber ich weiß nicht, wie man laufen muss.". Melanie fragt einen anderen Mann nach dem Weg. "Du gehst dreihundert (300) Meter geradeaus und dann, an der Kreuzung, nach links. Dann gehst du an der dritten Straße nach rechts und direkt danach wieder links. Das kannst du nicht verfehlen", sagt der Mann. "Danke sehr", sagt Melanie. Melanie geht in die Richtung, die ihr der Mann gesagt hat, aber sie findet das Hotel nicht. Sie fragt eine Frau: "Entschuldigung, wie komme ich bitte in die Lutherstraße? Ich habe mich verlaufen." "Die Frau überlegt, dann sagt sie: "Ich rufe die Polizei, die Polizisten können dich nach Hause bringen." "Das ist eine gute Idee. Ich glaube ich kann die Straße alleine nicht finden. Danke schön", antwortet Melanie. "Kein Problem, die Polizei kommt gleich", erwidert die Frau. Die Polizei kommt nach zehn (10) Minuten. Die Polizisten fragen Melanie, in welchem Hotel sie wohnt. Sie fragen auch nach der Adresse, dann fahren sie Melanie zum Hotel. Ihre Mutter ist sehr erleichtert, dass Melanie wieder da ist. Sie hat auch die Polizei angerufen, weil Melanie nicht zurückgekommen ist.

Fragen
- Warum braucht Melanie Hilfe?
- Was suchst du?
- Wonach fragt Melanie
- In welche Richtung geht Melanie?
- Wen ruft die Frau?
- Was hat Melanies Mutter gemacht und wieso?

Wortschatz

sich verlaufen – to get lost	**finden** – to find
helfen – to help	**rufen** – to call
suchen – to search	**bringen** – to bring
verlieren – to lose	**alleine** – alone
geradeaus – straight	**gleich** – soon
Die Kreuzung – the crossing	**zurück komme** – to return
verfehlen – to miss	

54. Mir geht es schlecht

Paul ist krank. Er muss zum Doktor. In einem Telefonbuch sucht er die Telefonnummer, dann ruft er den Doktor an. "Hallo, ist das die Praxis Dr. Glöckner?", fragt Paul. "Ja, wie kann ich ihnen helfen?", fragt eine Frau. "Ich habe Schmerzen in meinem Bauch und in meinem Kopf. Ich muss mit einem Arzt sprechen", beklagt sich Paul. "Kein Problem. Herr Glöckner hat um zwölf (12) Uhr dreißig (30) für sie Zeit", sagt die Frau mit freundlicher Stimme. "Geht es nicht früher?", will Paul wissen. "Meine Schmerzen sind stark, es tut sehr weh." Die Frau überlegt, dann antwortet sie: "Dann müssen sie in das Krankenhaus, dort werden sie sofort behandelt. Bei uns müssen sie warten. Wenn sie nicht fahren können, dann rufen sie bitte den Krankenwagen an. Der Krankenwagen fährt sie dann zum Krankenhaus." "Alles klar, danke schön. Ich rufe den Krankenwagen an", sagt Paul. Der Krankenwagen fährt Paul zum Krankenhaus. Der Doktor ist besorgt. Er sagt, Paul muss über Nacht im Krankenhaus bleiben. Die Ärzte sagen, dass Paul erst am nächsten Abend nach Hause kann, weil sie ihn am nächsten Tag untersuchen wollen. Paul bekommt ein Zimmer und ein Bett und bleibt bis zum nächsten Abend im Krankenhaus. Am nächsten Abend sagt der Doktor, dass Paul gesund ist. Paul darf nach Hause. Er ist froh, dass ihm nichts Schlimmes passiert ist. Das nächste Mal ruft er direkt den Krankenwagen.

Fragen
- Warum muss Paul zum Doktor?
- Wo sucht er nach der Telefonnummer?
- Wo hat Paul Schmerzen?
- Wann hat Herr Glöckner Zeit für Paul?
- Wo kann Paul sofort behandelt werden?
- Wen ruft Paul an?
- Wohin fährt der Krankenwagen Paul?
- Was sagt der Doktor am nächsten Morgen zu Paul?

Wortschatz

krank sein – to be sick	**sofort** – immediately
Das Telefonbuch – the telephone directory	**behandeln** – to treat
Die Praxis – the doctor's office	**Der Krankenwagen** – the ambulance
Der Schmerz – the pain	**besorgt sein** – to be worried
sprechen – to talk	**bleiben** -to stay
früher – earlier	**untersuchen** – to examine
stark – strong	**gesund** – healthy
weh tun – to hurt	**passieren** – to happen
Das Krankenhaus – the hospital	

55. Als Kind bin ich wild gewesen

Meine Großmutter sagt, dass ich ein wildes Kind gewesen bin. Es war nicht leicht für sie. Sie hat an den Wochenenden auf mich und meine Brüder aufgepasst. Wir haben viele verrückte Dinge gespielt. Wir waren Piraten, Ärzte und Polizisten. Im Sommer haben wir im Garten Feuerwehr gespielt. Wir haben mit dem Gartenschlauch Feuer gelöscht und haben Töpfe, wie Helme, auf unseren Köpfen getragen. Meine Großmutter sagt, dass wir viel Spaß hatten. Manchmal haben wir uns verletzt, dann hat unsere Großmutter uns zu einem Arzt gefahren. Meine Großmutter ist die beste Köchin der Welt. Niemand kocht besser als sie. Jeden Abend hat sich uns gefragt, was wir essen wollen. Wir haben oft Spaghetti gegessen. Ich und meine Brüder lieben Spaghetti mit Tomatensoße. Wir hatten ein großes Bett im Wohnzimmer. Wir haben alle auf dem Bett geschlafen. Meine Großmutter hat uns früh am Morgen geweckt. Früh aufstehen ist wichtig, sagt sie immer. Ich habe das nicht verstanden, aber jetzt weiß ich, was sie gemeint hat. Sie hat recht gehabt. Ich vermisse meine Großmutter.

Fragen

- Was sagt deine Großmutter?
- Was wart ihr beim Spielen?
- Was ist manchmal passiert?
- Was hat deine Großmutter jeden Abend gemacht?
- Was habt ihr oft gegessen?
- Wann hat eure Großmutter euch jeden Morgen geweckt und wieso?

Wortschatz

Die Großmutter – the grandmother	**tragen** – to wear
wild – wild	**Der Spaß** – the fun
leicht – easy	**manchmal** – sometimes
Das Wochenende – the weekend	**verletzen** – to hurt someone
aufpassen – to look after	**Das Wohnzimmer** – the living room
verrückt – crazy	**wecken** – to wake up someone
Der Schlauch – hose	**wichtig** – important
Das Feuer löschen – to put out the fire	**verstehen** – to understand
Der Topf – the pot	**recht haben** – to be right
Der Helm – the helmet	**vermissen** – to miss

56. Mein Handy ist kaputt

Mein Handy ist kaputt und ich muss es reparieren. Ich weiß nicht, wie man es repariert, deshalb gehe ich in ein Geschäft. Das Glas ist kaputt. Das kostet fünfzig (50) Euro. Ich habe nicht gewusst, dass Glas so teuer ist. Der Mann in dem Geschäft sagt, dass sein Geschäft billig ist. In einem anderen Geschäft kostet es achtzig (80) Euro. Ich sage, dass ich für achtzig (80) Euro ein neues Handy kaufen kann. Der Mann lacht und sagt: „Das ist richtig, deshalb kostet es bei mir nur fünfzig (50) Euro." Der Mann ist nett. Er sagt, dass es eine Stunde dauert. Während ich warte, gehe ich in andere Geschäfte. Ich kaufe Lebensmittel und Wasser. Ich langweilige mich ein wenig, aber ich brauche mein Handy. Nach einer Stunde ist mein Handy fertig. Ich gebe dem Mann sein Geld und bedanke mich. Er bedankt sich auch und wünscht mir einen schönen Tag. Ich fahre mit dem Bus nach Hause. Ich zeige meiner Freundin das neue Glas. Sie sagt, dass es wichtig ist, dass mein Handy funktioniert und ich denke das auch. Ich brauche mein Handy für die Arbeit.

Fragen
- Warum musst du dein Handy reparieren?
- Was kostet das Glas?
- Was kostet ein neues Handy?
- Wie lange dauert die Reparatur?
- Wofür brauchst du dein Handy?
- Fährst du mit dem Auto nach Hause?
- Was sagt deine Freundin? Was ist wichtig?

Wortschatz
deshalb – therefore
Das Geschäft – the store
kosten – to cost
Das Glas – the glass
teuer – expensive
billig – cheap
lachen – to laugh
richtig – right
nett – kind
dauern – to take (time)
wünschen – to wish
zeigen – to show
wichtig – important
funtionieren – to function / to work
brauchen – to need

57. Am Flughafen

Ich heiße Max. Ich bin sechsundzwanzig (26) Jahre alt und komme aus Schweden. Normalerweise bin ich Student, aber gerade habe ich Urlaub. Mein Flugzeug ist in Frankfurt gelandet. Ich warte auf meinen Koffer, aber es dauert lange. Jetzt habe ich meinen Koffer. Ich gehe zum Ausgang. Der Flughafen ist riesig. Hier arbeiten viele Menschen. Ich finde den Ausgang nicht. Ich frage einen Mitarbeiter: "Hallo, wo ist der Ausgang bitte?". Der Mitarbeiter antwortet: "In diese Richtung geradeaus." Ich bedanke mich und gehe in die Richtung. Ich sehe ein Schild. Auf dem Schild steht: AUSGANG. Jetzt sehe ich den Ausgang. Es ist nicht weit. Nach fünf (5) Minuten stehe ich vor dem Flughafen. Hier stehen viele Autos. Ich gehe zu einem Taxi. Der Fahrer steigt aus. "Hallo, brauchen sie ein Taxi?", fragt er. "Ja danke, ich muss in die Stadt", antworte ich und ich steige in das Taxi.

Fragen

- Wie alt ist Max, wo kommt er her?
- Wo landet sein Flugzeug?
- Was findet Max nicht?
- Was steht auf dem Schild?
- Was gibt es vor dem Flughafen?
- Wo muss Max hin?

Wortschatz

Normalerweise – normally
gerade – right now
Das Flugzeug – the airplane
Der Koffer – the suitcase
Der Ausgang – the exit
Der Flughafen – airport
Die Richtung – the direction
geradeaus – straight
Das Schild – the sign
weit – far
Der Fahrer – the driver

58. Ich beantrage Urlaub

Ich habe seit vier (4) Monaten keinen Urlaub mehr gemacht. Ich brauche eine Pause. Ich weiß nicht, wie ich das meinem Vorgesetzten sagen soll. Wird er es erlauben? Ich hoffe, dass alles gut geht. Ich stehe vor dem Büro meines Vorgesetzten und klopfe an die Tür. „Herein", ruft mein Vorgesetzter. Ich gehe in das Büro. Mein Vorgesetzter sitzt hinter einem großen Tisch. Auf dem Tisch liegen viele Papiere. Mein Vorgesetzter hat einen dicken Bauch und graue Haare. Er sagt: „Ich bin beschäftigt, was gibt es?" „Wann ist er nicht beschäftigt?", denke ich. Ich lächele. „Ich brauche dringend Urlaub. Ich will mit meiner Familie nach Spanien fahren. Ist das in Ordnung?", frage ich. Ich bin nervös. Wenn mein Vorgesetzter beschäftigt ist, dann ist es schwer Urlaub zu bekommen. „Wann wollen sie nach Spanien fahren?", will er wissen. „Nächste Woche. Wir wollen zwei (2) Wochen in Urlaub fahren", antworte ich. „Einen Moment, ich muss das prüfen", erwidert mein Vorgesetzter. Er blättert in einem Buch, dann sagt er: „Das ist in Ordnung, haben sie viel Spaß und ruhen sie sich gut aus. Wir brauchen sie nächsten Monat wieder." Ich gehe aus dem Büro und bin froh, dass alles gut gegangen ist. Ich schreibe meiner Frau eine Nachricht, dass wir in Urlaub fahren können. Meine Frau und die Kinder freuen sich.

Fragen

- Wie lange hast du keinen Urlaub mehr gemacht?
- Was hoffst du?
- Was liegt auf dem Tisch deines Vorgesetzten?
- Wohin willst du fahren und mit wem?
- Wann willst du in Urlaub fahren?
- Wie lange willst du in Urlaub fahren?

Wortschatz

Der Urlaub – the vacation
Die Pause – the break
Der Vorgesetzte – the superior
erlauben – to allow
hoffen – to hope
Das Büro – the office
klopfen – to knock
herrein! - enter!

Hinter – behind
beschäftigt sein – to be busy
Dringend – urgently
prüfen – to check
erwiedern – to reply
ausruhen – to take a rest
etwas geht gut – something goes well
Die Nachricht – the message

59. Ein Tag im Zoo

Daniel und seine Familie gehen heute in den Zoo. Daniel hat zwei Kinder, Mila und Peter. Mila ist sechs (6) Jahre alt und Peter ist acht (8) Jahre alt. Daniels Frau heißt Sarah. Mila will am liebsten die Löwen sehen, Peter will lieber die Bären sehen. Die Familie geht zu den Bären, aber auf dem Weg bleiben Mila und Peter bei den Ziegen stehen. Es ist erlaubt die Ziegen zu füttern. Mila und Peter sind aufgeregt. Sie haben noch nie Ziegen gefüttert. Die Ziegen kommen nahe an den Zaun. Man kann sie Streicheln und ihnen Gras geben. Daniel und seine Familie stehen dreißig (30) Minuten bei den Ziegen, dann gehen sie weiter. Das Gehege der Bären ist riesig. Es gibt zwei erwachsene Braunbären. Sie sind ein Paar und haben ein Kind. Der kleine Braunbär ist süß. Er ist neugierig und kommt ganz nahe an die Besucher heran. Mila und Peter haben Angst vor den großen Bären, aber den kleinen Bären lieben sie. Peter denkt, dass es Zeit ist weiter zu gehen. Die Familie geht jetzt zu den Löwen. Auf dem Weg erzählt Mila alles, was sie über Löwen weiß. Mila weiß viel über Löwen, weil sie zuhause immer Bücher über Löwen liest.

Fragen
- Wo gehen Daniel und seine Familie heute hin?
- Wie viele Kinder hat Daniel und wie heißen seine Kinder?
- Wo geht die Familie zuerst hin?
- Warum sind Mila und Peter aufgeregt?
- Wie viele Bären gibt es in dem Zoo?
- Warum weiß Mila so viel über Löwen?

Wortschatz
Der Löwe – the lion
Der Bär – the bear
stehen bleiben – to stop
Die Ziege – the goat
erlauben – to allow
füttern – to feed
noch nie – never
nah – close
Der Zaun – the fence
streicheln – to pet
Das Gehege – the enclosure
erwachsen – adult
klein – small
süß – cute
neugierig – curious

60. Ein Gefallen

Max hat eine Menge Arbeit. Er weiß nicht, wie er das schaffen soll. Ihm fehlt Zeit. Er kann nicht den ganzen Tag arbeiten. Er braucht auch Pausen und Zeit für seine Familie. Max hat auch Kopfweh, weil er nicht viel geschlafen hat. Sein Boss sagt, dass Max bis nächste Woche fertig sein muss. Max ruft einen Freund an. „Kannst du mir bitte einen Gefallen tun. Kannst du mir bitte helfen?", sagt er. „Was soll ich machen", fragt sein Freund. „Ich kann meine Arbeit nicht alleine machen. Es ist zu viel. Kannst du bitte mit mir arbeiten? Nur ein paar Stunden." „Natürlich, das ist kein Problem. Ich habe Zeit, wann soll ich anfangen?", fragt sein Freund. „Am besten jetzt. Ich schicke dir die Daten per E-Mail", entgegnet Max. Max ist froh, dass sein Freund ihm einen Gefallen tut. Jetzt muss er nicht alles alleine machen. Wenn sein Freund Hilfe oder einen Gefallen braucht, dann wird Max ihm auch helfen. Dafür sind Freunde da.

Fragen
- Warum kann Max seine Arbeit nicht schaffen?
- Warum hat Max Kopfweh?
- Was fragt Max seinen Freund?
- Wann soll sein Freund anfangen?
- Was macht Max, wenn sein Freund Hilfe braucht?

Wortschatz
eine menge Arbeit– a lot of work
etwas schaffen können – to be able to do something
Die Pause – the break
Das Kopfweh – the headache
Der Gefallen – the favor
alleine – alone
jetzt – now
schicken – to send
entgegnen – to reply

61. Die Stadtplan Diskussion

„Wir gehen in die falsche Richtung", sagt meine Freundin. Sie ist wütend. Ich denke, dass wir in die richtige Richtung gehen. Ich habe einen Stadtplan. „Du kannst keinen Stadtplan lesen", ruft meine Freundin verzweifelt. Jetzt bin ich auch wütend. „Natürlich kann ich das. Wir sind richtig. Ich bin mir sicher. Siehst du diese Straße?", rufe ich. „Dort müssen wir nach links laufen, dann kommen wir auf einen Platz." „Nein, wir sind schon an der Straße vorbeigelaufen. Ich habe auch den Platz schon gesehen", entgegnet sie. Meine Freundin zeigt mir den Stadtplan. „Siehst du? Wir sind hier. Du denkst, dass wir hier sind", sagt sie. Sie zeigt mit ihrem Finger auf den Stadtplan. Hat sie recht? Ich weiß nicht ob wir richtig sind. „Alles klar, dann gehen wir jetzt zurück", sage ich. Wir gehen zweihundert (200) Meter zurück. Jetzt sehe ich den Platz auch. „Tut mir leid, ich habe wirklich gedacht, dass wir richtig sind", sage ich. „Kein Problem. Jeder macht mal einen Fehler", sagt sie.

Fragen
- Geht ihr in die Richtige Richtung?
- Wohin müsst ihr laufen um an den Platz zu kommen?
- Was hat deine Freundin schon gesehen?

Wortschatz
falsch – wrong
wütend – angry
Der Stadtplan – the map
verzweifelt - desperate
natürlich – of course
richtig – right
Der Platz – the square
vorbei laufen – to walk past something
recht haben – to be right

62. Ich suche eine Toilette

Ich habe ein großes Problem. Ich muss auf die Toilette, aber ich kann sie nicht finden. Ich habe gedacht, dass es nicht dringend ist, aber ich habe seit einer Stunde keine Toilette gefunden. Jetzt ist es dringend. Sehr dringend. Ich bin in einer Stadt. Es muss hier eine Toilette geben, aber ich kann sie nicht finden. Ich gehe in ein Geschäft und frage: „Entschuldigung, haben sie eine Toilette?" „Nein tut mir leid, wir haben keine Toilette, aber sie können zu Starbucks gehen", antwortet die Frau. „Wenn sie aus dem Geschäft gehen, dann gehen sie nach links." Ich bedanke mich und gehe aus dem Geschäft.

Fragen
- Wo bist du?
- Was ist dein Problem?
- Wie lange hast du keine Toilette gefunden?
- Wo kannst du auf die Toilette gehen?
- Wohin musst du gehen?

Wortschatz
groß – big
finden – to find
dringend – urgent
seit einer Stunde – since an hour ago
Das Geschäft – the store
bedanken – to thank

63. Auf der Burg

Wir fahren heute zu einer Burg. Die Burg heißt Trifels und ist im Bundesland Rheinland-Pfalz. Es ist eine sehr bekannte Burg. Sie ist mehr als achthundert (800) Jahre alt. Die Burg steht auf einem großen Berg. Wir fahren eine halbe Stunde durch den Wald. Wir parken auf einem Parkplatz. Wir steigen aus dem Auto und laufen den Rest. Nach zehn (10) Minuten sind wir an der Burg. Sie ist riesig und sehr alt. Man kann die ganze Umgebung sehen. Den Wald, die Felder, und die Dörfer. Auf der Burg weht ein starker Wind. „Mir ist kalt", sage ich zu meiner Freundin, „kannst du mir bitte meine Jacke geben?" Meine Freundin öffnet ihren Rucksack und gibt mir meine Jacke. Wir gehen in die Burg. Es gibt einen Turm und zwei große Räume. In einem Raum hat der König geschlafen, in dem anderen Raum hat der König gegessen. Wir sehen auch die alte Küche. Wir machen Fotos. Wir wollen die Fotos unseren Freunden zeigen.

Fragen
- Wo fahrt ihr heute hin?
- Wo ist die Burg und wie heißt sie?
- Wie kommt ihr zur Burg?
- Warum ist dir kalt?
- Wo ist deine Jacke?
- Wie viele Räume hat die Burg?
- Was wollt ihr mit euren Fotos machen?

Wortschatz
Die Burg – the castle
heißen – to be called
bekannt – famous
Der Berg – the mountain
Der Wald – the forest
Der Parkplatz – parking spot
alt – old
Die Umgebung – the surroundings
Die Felder – the fields
Das Dorf – the village
stark – strong
Der Wind – the wind
Die Jacke – the jacket
Der Turm – the tower

64. Die Einladung

Ich bin das erste Mal in Deutschland. Ich wohne in einem kleinen Dorf, in einer Ferienwohnung. Heute haben mich meine Nachbarn zum Essen eingeladen. Ich bin aufgeregt. Muss ich etwas wissen? Ist eine Einladung in Deutschland anders? Muss ich etwas mitbringen? Ich rufe meinen deutschen Freund an. Mein Freund sagt, dass ich keine Angst haben muss, aber er sagt auch, dass Deutsche besondere Regeln haben. Zum Beispiel für das Essen. Jetzt bin ich noch mehr aufgeregt. Ich kenne diese Regeln nicht. Mein Freund sagt, dass das kein Problem ist. Die Regeln sind einfach. Manchmal darf man beim Essen nicht reden. Man darf nicht reden, wenn der Mund voll ist. Das ist alles. Ich bedanke mich. Mein Freund hat mir sehr geholfen. Jetzt kann ich meine Nachbarn besuchen. Ich habe keine Angst mehr und hoffe, dass ich noch mehr Einladungen bekommen werde.

Fragen
- Wo wohnst du?
- Was ist heute passiert?
- Was für Fragen hast du?
- Warum bist du noch mehr aufgeregt?
- Wie hat dir dein Freund geholfen?

Wortschatz
das erste Mal – the first time
Das Dorf – the village
Die Ferien – the holidays
Der Nachbar – the neighbor
aufgeregt sein – to be excited
anders – different
mitbringen – to bring
besonders – special
Die Regel – the rule
dürfen – to be allowed
Der Mund – the mouth
voll – full
die Einladung – the invitation

65. Das Einschreiben

Ich habe heute Post bekommen, aber ich war nicht zuhause. In meinem Briefkasten liegt ein Brief. In dem Brief steht, dass ich zur Post kommen muss, um das Einschreiben abzuholen. Ich weiß nicht wer mir das Einschreiben geschickt hat. Ein Einschreiben ist wichtig. Ist etwas passiert? Ist das Einschreiben von meinem Vorgesetzten? Habe ich vergessen etwas zu bezahlen? Ich hoffe, dass nichts Schlimmes passiert ist. Ich steige in mein Auto und fahre zur Post. Ich gebe der Mitarbeiterin den Brief und sage: „Ich würde gerne das Einschreiben abholen." „Kein Problem, einen Moment", sagt die Mitarbeiterin. Sie sucht das Einschreiben, dann gibt sie mir das Einschreiben. „Kann ich bitte ihren Ausweis sehen?", fragt sie. „Natürlich, hier ist er", sage ich. Ich gebe ihr meinen Ausweis. Sie liest meinen Namen. „Danke Herr Müller. Das ist alles." Ich bedanke mich auch. Das Einschreiben ist Werbung. Es gibt keinen Grund aufgeregt zu sein.

Fragen
- Wo liegt dein Brief?
- Was steht in dem Brief?
- Was hoffst du?
- Was will die Mitarbeiterin sehen?
- Warum gibt es keinen Grund aufgeregt zu sein?

Wortschatz
Das Einschreiben – recorded delivery
Die Post – the post
Der Briefkasten – the post box
Der Brief – the letter
in dem Brief steht – in the letter it is written
schicken – to send
wichtig – important
hoffen – to hope
abholen – to pick up
Der Ausweis – the ID card
natürlich – of course
Die Werbung – the advertisement
Der Grund – the reason

66. Auf dem Weihnachtsmarkt

Ich und meine Freundin gehen heute auf den Weihnachtsmarkt. Es ist der dreiundzwanzigste (23.) Dezember. Morgen ist Weihnachten. Die ganze Stadt ist geschmückt. Jeder freut sich auf Weihnachten und man kann das spüren. Alle feiern. Es ist kalt und es schneit, aber das macht nichts. Wir haben dicke Jacken und dicke Schuhe an. Auf dem Weihnachtsmarkt hören wir Weihnachtsmusik und trinken Glühwein. Glühwein ist heiß und schmeckt nach vielen Gewürzen. Meine Freundin und ich lieben Glühwein. Wir essen Plätzchen und reden mit unseren Freunden. Wir lachen viel und tanzen. Alle haben Spaß. Auf dem Weihnachtsmarkt kann man viele Tannenbäume sehen. Auf dem Platz stehen viele kleine Wagen. Jeder Wagen verkauft etwas anderes. Manche verkaufen Getränke, andere verkaufen Essen. Wir wollen alles probieren, aber es ist zu viel. Um zwölf (12) Uhr gehen wir nach Hause. Nächstes Jahr wollen wir wieder auf den Weihnachtsmarkt.

Fragen
- Wann ist Weihnachten und was macht ihr heute?
- Wie ist das Wetter?
- Wie schmeckt Glühwein?
- Was kann man auf dem Weihnachtsmarkt sehen?
- Was wir in den Wagen verkauft?
- Wann geht ihr nach Hause, was wollt ihr nächstes Jahr machen?

Wortschatz
Der Weihnachtsmarkt – the Christmas fair
übermorgen – the day after tomorrow
schmücken – to decorate
spüren – to feel
feiern – to celebrate
schneien – to snow
hören – to hear
Der Glühwein – mulled wine
heiß – hot
schmecken – to taste
Das Gewürz – the spice
Die Plätzchen – the biscuits
Der Wagen – mobile shop (literally: wagon)
verkaufen – to sell
probieren – to try
zu viel – to much

67. Vatertag

Heute ist Vatertag. In vielen Ländern wird Vatertag gefeiert. Ich habe ein Buch für meinen Vater gekauft. Mein Vater liebt Bücher. Am liebsten liest mein Vater Kriminalromane. Er sagt, dass er gerne Rätsel löst. Ich habe ihm einen Bestseller gekauft. Ich hoffe, dass ihm das Buch gefällt und dass er das Buch noch nicht gelesen hat. Mein Vater schenkt mir auch immer Bücher. Ich habe eine große Bibliothek. Dort stehen alle meine Bücher. Ich sitze gerne in meinem Sessel, trinke Tee und lese Bücher. Ich lese Bücher oft zwei (2) Mal. Wenn ich sie sehr mag, dann lese ich sie drei (3) Mal. Manchmal muss meine Frau mir sagen, dass ich mit dem Lesen aufhören muss, weil ich vergesse, wie lange ich schon lese. Mein Vater arbeitet nicht. Er hat viel Zeit zum Lesen. Manchmal bin ich neidisch. Ich will auch so viel lesen, aber ich habe keine Zeit. Ich besuche meinen Vater am Mittag. Er freut sich über das Geschenk. Ich bin froh, dass er das Buch mag. Er sagt, dass er das Buch am Abend lesen wird. Wir essen zusammen, und haben viel Spaß. Ich bin gerne bei meinem Vater. Manchmal bin ich traurig das ich ihn nicht oft sehe.

Fragen
- Was liest dein Vater?
- Wo wird Vatertag gefeiert?
- Was muss deine Frau manchmal sagen?
- Wann besuchst du deinen Vater?
- Was macht ihr zusammen?
- Warum bist du manchmal traurig?
- Was schenkt dir dein Vater manchmal

Wortschatz
Der Vatertag – fathers day
Das Land – the country
Der Kriminalroman – the detective novel
Das Rätsel lösen – to solve the riddle
hoffen – to hope
gefallen – to like
schenken – to gift
Die Bibliothek – the library
Der Sessel – the armchair
aufhören – to stop
neidisch – envious

68. Nur Bargeld

Heute esse ich in einem Restaurant. Ich esse Fisch mit Bratkartoffeln und Salat. Das Essen ist köstlich. Ich denke, dass ich hier wieder essen werde. Nach dem Essen rufe ich den Kellner. Ich will bezahlen. "Bringen sie mir bitte die Rechnung", sage ich und gebe dem Kellner meine Kreditkarte. Er gibt mir meine Kreditkarte zurück. Der Kellner sagt: "Bei uns kann man nur mit Bargeld bezahlen." Ich bin verwirrt und ich denke, dass ich ihn falsch verstanden habe. "Ich kann nicht mit meiner Kreditkarte bezahlen?", frage ich. "Ja das ist richtig, das ist in vielen deutschen Restaurants so", antwortet der Kellner. "Wie viel kostet das Essen?", will ich wissen. "Es kostet dreiundzwanzig (23) Euro und neunzig (90) Cent. Ich weiß nicht, ob ich genug Geld habe und ich schaue in meinen Geldbeutel. Ich habe fünfundzwanzig (25) Euro. Ich habe Glück gehabt. Ich gebe dem Kellner das Geld und sage: "Stimmt so, der Rest ist für sie." Der Kellner bedankt sich und nimmt meinen Teller. Ich verabschiede mich und verlasse das Restaurant. In Zukunft werde ich immer genug Bargeld einstecken.

Fragen

- Was isst du in dem Restaurant?
- Was machst du nach dem Essen?
- Wirst du hier wieder essen?
- Warum bist du verwirrt?
- Was kostet das Essen
- Was machst du in Zukunft?

Wortschatz

köstlich – delicious
wieder – again
rufen – to call
Der Kellner – the waiter
bezahlen – to pay
Die Rechnung – the bill
Das Bargeld – the cash
verwirrt – confused
falsch – wrong
verstehen – to understand
richtig – right
viele – many
kosten – to cost

Das Geld – the money
schauen – to watch / to look
Der Geldbeutel – the wallet
Das Glück – the luck
stimmt so – keep the change
Der Rest – the remaining part
bedanken – to thank
verabschieden – to say goodbye
verlassen – to leave
In Zukunft – from now on / in the future
immer – always
genug - enough

69. Ein Date

Ich habe ein nettes deutsches Mädchen getroffen. Heute Abend lade ich sie in ein Restaurant ein. Wir treffen uns vor dem Restaurant und gehen zusammen in das Restaurant. Ein Kellner begrüßt uns, aber er redet sehr schnell, deshalb sage ich: "Entschuldigung, können sie bitte langsamer reden und das wiederholen?" Der Kellner wiederholt seine Frage. "Einen Tisch für zwei (2) Personen?" "Ja bitte", antworte ich. Er führt uns zu unserem Tisch. "Was darf ich ihnen bringen?", will er wissen. Ich antworte: "Was können sie uns empfehlen? Was ist das beliebteste Gericht?" "Unsere Fischgerichte sind sehr zu empfehlen, aber unsere Salate sind auch sehr gut", erklärt der Kellner. Ich weiß nicht was ich nehmen soll. "Bitte wähle du etwas", sage ich zu meiner Freundin. Meine Freundin überlegt, dann sagt sie: "Wir nehmen zwei große Salate, und zwei kleine Biere bitte." "Sehr gerne", sagt der Kellner und schreibt unsere Bestellung auf ein Papier. "Du sprichst schon sehr gut Deutsch", sagt meine Freundin und lächelt. Ich lache und antworte: "Das ist nicht richtig. Ich habe nur gelernt, wie man in einem Restaurant Essen bestellt." "Du warst sehr gut", antwortet meine Freundin. Der Kellner bringt das Essen. Es ist lecker und viel zu viel. Wir können nicht alles essen. Ich rufe den Kellner. "Entschuldigen sie bitte, bringen sie uns bitte die Rechnung." "Zusammen oder getrennt", fragt der Kellner. "Zusammen", antworte ich. Der Kellner bringt die Rechnung. Ich bezahle unser Essen und wir verlassen das Restaurant. "Danke für die Einladung", sagt meine Freundin. "Gerne", antworte ich.

Fragen
- Was machst du mit dem Mädchen heute Abend?
- Warum bittest du den Kellner langsamer zu reden?
- Was empfiehlt der Kellner?
- Wer bestellt das Essen?
- Sprichst du gut Deutsch?
- Bezahlst du nur dein Essen?

Wortschatz

nett - kind
einladen – to invite
zusammen – together
treffen – to meet
Der Kellner – the waiter
deshalb – therefore
wiederholen – to repeat
dürfen – to be allowed to
empfehlen – to recommend
beliebt – popular

Das Gericht – the dish
wählen – to choose
Die Bestellung – order
überlegen – to ponder
lächeln – to smile
lachen – to laugh
richtig – right
Die Rechnung – the bill
getrennt – separated

70. Ein kleines deutsches Dorf

Max und sein Freund Paul sind in einem kleinen deutschen Dorf. Sie machen eine Rundreise durch Deutschland. Sie wollen nicht nur Städte sehen, deshalb bleiben sie eine Nacht in einem Dorf. Sie haben eine Wohnung für eine Nacht gemietet. Im Dorf ist es ruhig. Nur wenige Leute sind auf der Straße und es fahren nur wenige Autos auf der Straße. "Ich mag, dass es ruhig und entspannt ist, aber man ist auch nahe an einer großen Stadt. Das ist sehr vorteilhaft", erklärt Max. Paul findet das auch. Beide mögen das Dorf sehr. Sie suchen die Wohnung, die sie gemietet haben. "Die Häuser hier sind schön. Sie sind nicht zu groß, aber sie sind auch nicht zu klein. Ich kann mir vorstellen, hier zu wohnen", sagt Paul. "Ja, es ist nicht so hektisch wie eine große Stadt", stimmt Paul zu. "Wenn ich alt bin, will ich vielleicht hier wohnen, aber jetzt ist die Stadt besser. Man kann in der Stadt besser arbeiten", sagt Max. Paul und Max stehen vor ihrer Wohnung und Paul klopft an die Tür. Eine alte Frau öffnet die Tür. "Seid ihr Paul und Max? Ich habe schon auf euch gewartet", sagt sie und lächelt. "Ja das sind wir", sagt Max. Paul und Max gehen in das Haus. "Kommt mit, ich zeige euch eure Wohnung", sagt die Frau, und zeigt auf eine Treppe. Die Wohnung ist in der zweiten Etage. Sie hat sehr viele Räume. Max und Paul sind sehr zufrieden. Sie schlafen in dieser Nacht sehr gut.

Fragen
- Warum sind Max und Paul in dem Dorf?
- Wie sieht es auf der Straße aus?
- Mag Paul das Dorf?
- Wo wohnen Paul und Max?
- Was überlegt Paul für die Zukunft?

Wortschatz

Das Dorf – the village
Die Rundreise – the tour
mieten – to rent
ruhig – calm
mögen – to like
entspannt – relaxed
vorteilhaft – advantageous
nahe – close

vorstellen – to imagine
suchen – to search
klopfen – to knock
warten – to wait
zeigen – to show
Die Etage – the floor
zufrieden - satisfied

71. Ich will nicht aufstehen

Meine Mutter weckt mich um halb sieben (6:30). "David, aufstehen, es ist Zeit für die Schule!", ruft sie in mein Zimmer. Ich will nicht aufstehen. Es ist noch sehr früh. Draußen ist es noch dunkel, aber ich muss heute wieder in die Schule. Die Ferien sind zu Ende. "Noch fünf (5) Minuten!", antworte ich meiner Mutter. Ich höre, wie meine Mutter die Treppe wieder nach unten geht. Ich schlafe noch fünf (5) Minuten, dann wache ich wieder auf. Mein Bruder hat das Licht in meinem Zimmer angemacht. "Aufstehen!", ruft er laut. "Wenn du nicht aufstehst, dann komme ich auch zu spät in die Schule", sagt er. Meine Mutter fährt uns in die Schule. Wenn ich nicht aufstehe, dann müssen mein Bruder und meine Mutter warten. Langsam stehe ich auf. Ich habe Kopfweh, weil ich spät ins Bett gegangen bin. Ich gehe in die Küche und mache mir einen Kaffee. Der Kaffee hilft mir, wach zu werden. Nach dem Frühstück dusche ich. Mein Vater ist auch aufgewacht. "Guten Morgen, hast du gut geschlafen?", will er wissen. "Nein, ich habe schlecht geschlafen", antworte ich. Er lacht. Er weiß, dass ich spät ins Bett gegangen bin. Nach den Ferien ist das immer so. "Morgen ist es besser. Du kannst heute früher ins Bett gehen, dann bist du morgen früh ausgeschlafen.", sagt er. Das weiß ich auch, aber es ist schwer, früh ins Bett zu gehen. Ich will so viele Dinge machen und habe wenig Zeit.

Fragen

- Wann wirst du geweckt?
- Warum musst du aufstehen?
- Was hörst du?
- Was passiert, wenn du nicht aufstehst?
- Wie hilft dir der Kaffee?
- Hast du gut geschlafen?
- Was kannst du morgen tun?
- Warum ist es schwer früh ins Bett zu gehen?

Wortschatz

wecken – to wake someone up
aufstehen – to get up
Die Zeit – the time
rufen – to call
früh – early
draußen – outside
dunkel – dark
Die Ferien – the holidays
unten – downstairs
aufwachen – to wake up
Das Licht – the light
anmachen – to turn on
zu spät – to late

warten – to wait
langsam – slowly
Das Kopfweh – the headache
helfen – to help
wach – awake
duschen – to take a shower
lachen – to laugh
immer – always
ausgeschlafen – rested
auch - also
schwer – difficult
Das Ding – the thing
wenig - little

72. Stromausfall

Plötzlich ist das Licht aus. Es ist finster, und ich sehe nichts. Ich habe ein wenig Angst. Warum ist das Licht ausgegangen? Ich rufe nach meinem Vater, aber ich bekomme keine Antwort. Langsam und vorsichtig gehe ich zur Treppe und in die Küche. Meine Mutter zündet Kerzen an. "Das ist ein Stromausfall. Das passiert manchmal", sagt meine Mutter. Das Kerzenlicht ist angenehm. Ich habe nicht gewusst, dass Kerzenlicht so schön ist. Meine Mutter und ich setzten uns an den Tisch. Sie erklärt mir, dass manchmal der Strom ausfällt, weil etwas kaputt ist. "Der Strom wird normalerweise schnell repariert", sagt sie. Ich habe noch nie einen Stromausfall gesehen, deshalb bin ich nervös. "Was passiert, wenn der Strom nicht repariert wird?", will ich wissen. "Das ist schlecht. Die Lebensmittel im Kühlschrank gehen dann kaputt und im Haus wird es kalt." Jetzt habe ich Angst. Es ist Winter. Wenn es im Haus kalt wird, dann werden alle krank. "Keine Sorge", sagt meine Mutter, "Das passiert nicht."

Fragen

- Warum ist es finster?
- Wie gehst du zur Treppe?
- Was macht deine Mutter in der Küche?
- Warum fällt der Strom aus?
- Was passiert, wenn der Strom lange aus ist?

Wortschatz

plötzlich – suddenly	**passieren** – to happen
finster – dark	**manchmal** – sometimes
Die Angst – the anxiety	**angenehm** – pleasant
warum – why	**wissen** – to know
rufen – to call	**erklären** – to explain
bekommen – to get	**schnell** – quickly
Die Antwort – the reply / the answer	**noch nie** – never
langsam – slowly	**deshalb** – therefore
vorsichtig – carefully	**Die Lebensmittel** – the food
Die Küche – the kitchen	**Der Kühlschrank** – the fridge
anzünden – to light	**kaputt gehen** – to break
Die Kerze – the candle	**kalt** – cold
Der Stromausfall – the blackout / power failure	**keine Sorge** – do not worry

73. Beim Grillen

Ich bin zum Grillen eingeladen. Beim Grillen werden Lebensmittel über einem Feuer gekocht. Ich habe Fleisch und Kartoffelsalat gemacht. Meine Freunde machen auch Salat. Wir werden viel essen und viel Spaß haben. Wir treffen uns um sieben (7), dann machen wir Feuer. Ohne Feuer kann man nicht grillen. Das weiß jeder. Ich weiß nicht, wie man Feuer macht, aber das ist kein Problem. Meine Freunde haben schon viele Feuer gemacht und haben oft gegrillt. Zuhause grillen wir nicht. Unser Garten ist zu klein. Ich will auch zuhause grillen, aber mein Vater sagt, dass wir nicht grillen können. Ich esse sehr viel. Am Ende löschen wir das Feuer. Es ist dunkel ohne das Feuer. Meine Freunde haben Taschenlampen. Wir laufen zu unseren Autos, dann fahren wir nach Hause. "Du riechst nach Feuer", sagt meine Mutter. "Geh duschen, ich will nicht, dass das ganze Haus nach Feuer riecht." Ich gehe duschen. Nach dem Duschen lege ich mich in mein Bett. Ich lese ein wenig, dann gehe ich schlafen. Heute war ein guter Tag.

Fragen

- Was passiert beim Grillen?
- Was haben du und deine Freunde gemacht?
- Wann trefft ihr euch und was macht ihr?
- Warum ist es kein Problem, dass du nicht weißt, wie man Feuer macht?
- Warum kannst du nicht zuhause grillen?
- Was macht ihr am Ende?
- Warum musst du duschen?
- Was machst du nach dem Duschen?

Wortschatz

einladen – to invite	viele – many
Die Lebensmittel – the food	oft – often
Das Feuer – the fire	Das Feuer löschen – to put out the fire
kochen – to cook	dunkel – dark
Das Fleisch – the meat	Die Taschenlampe – the flashlight
Der Spaß – the fun	nach Feuer riechen – to smell like fire (smoke)
sich treffen – to meet	duschen – to take a shower
ohne – without	das ganze Haus – the whole house
wissen – to know	sich legen – to lay down
jeder – everyone	ein wenig – a little bit

74. Die Anmeldung

Das Telefon klingelt. "Hallo, ich würde mich gerne für den Sprachkurs anmelden", sage ich. "Welchen Kurs? Wir haben sechs (6) Sprachkurse", antwortet eine Frau. "Was sind die Unterschiede", will ich wissen. "Es gibt Kurse für Anfänger, für Fortgeschrittene und für Profis", sagt die Frau. "Ich weiß nicht, welchen Kurs ich nehmen soll. Kann ich einen Test machen?" "Ja, die Kurse kosten das Gleiche. Wenn sie zu uns kommen, dann machen sie einen Test", sagt die Frau. "Wie viel kostet der Kurs? Ich bin Student und habe nicht viel Geld", sage ich. "Das macht nichts. Wir haben Preise für Studenten. Sie zahlen nur die Hälfte. Für Studenten kostet der Kurs zweihundert (200) Euro", antwortet die Frau. "Zweihundert (200) Euro? Das ist billig. Wie viele Stunden hat der Kurs und wann beginnt er?", frage ich weiter. "Der Kurs beginnt am ersten (1.) Januar und endet am einunddreißigsten (31.) März. Jeden Tag haben sie vier (4) Stunden Unterricht. Zwei (2) Stunden am Morgen und zwei (2) Stunden am Mittag. Unterricht ist von Montag bis Freitag", beantwortet die Frau meine Frage. "Danke, ich würde mich gerne für den Anfängerkurs anmelden", sage ich. Die Frau will meinen Namen, mein Alter und meine Nationalität wissen. Ich sage ihr, was sie wissen will, dann beende ich den Anruf. Ich freue mich auf den Kurs.

Fragen
- Warum rufst du an?
- Wie viele Sprachkurse gibt es?
- Für wen sind die Kurse?
- Warum hast du nicht viel Geld?
- Wann beginnt der Kurs und wann endet er?
- Wofür meldest du dich an?
- Was will die Frau wissen?

Wortschatz

Die Anmeldung – the registration	Das Geld – the money
klingeln – to ring	zahlen – to pay
ich würde gerne – I would like to	Die Hälfte – the half
Der Sprachkurs – the language course	billig – cheap
welchen – which	weiter fragen – to continue asking
Die Unterschiede – the differences	jeden Tag – every day
Der Anfänger – the beginner	Der Unterricht – the class
Der Fortgeschrittene – the advanced	beantworten – to answer
einen Kurs nehmen – to chose a course	Das Alter – the age
kosten – to cost	beenden – to end
Das Gleiche – the same	Der Anruf – the call
viel – a lot	

75. Feueralarm

Wir sitzen im Unterricht, in der Schule, und hören ein lautes Geräusch. "Das ist der Feueralarm!", ruft unsere Lehrerin. Wir müssen auf den Schulhof. Wenn man den Feueralarm hört, dann benutzt man nicht die normalen Wege. Im Notfall benutzt man die Fluchtwege. Fluchtwege erkennt man an den grünen Schildern. Auf den Schildern rennt ein Mann. Wir gehen auf den Schulhof. Die anderen Klassen sind auch auf dem Schulhof. Unsere Lehrerin zählt die Schüler. "Alle meine Schüler sind hier", sagt sie dem Direktor. Die anderen Schüler sind auch alle hier. Der Direktor ist erleichtert. Die Feuerwehr kommt sehr schnell. Unsere Lehrerin erklärt uns, dass der Feueralarm eine Übung ist. Jeder muss wissen, wo die Fluchtwege sind. Deshalb machen wir die Übungen. Wenn es brennt, dann muss jeder schnell nach draußen. Man hat keine Zeit, die Fluchtwege zu suchen. Wir waren schnell. In fünf (5) Minuten sind alle Schüler nach draußen gelaufen. Der Direktor ist zufrieden. Die Feuerwehrleute loben uns. "Ihr wart sehr schnell, das ist sehr gut", sagen sie. Wir sind stolz auf uns und beim nächsten Feueralarm wollen wir schneller sein.

Fragen
- Wo seid ihr, als ihr das Geräusch hört?
- Was müsst ihr machen, wenn ihr das Geräusch hört?
- Welche Wege benutzt ihr, um auf den Schulhof zu kommen?
- Warum ist der Direktor erleichtert?
- Warum macht man Übungen?
- Warum ist der Direktor zufrieden?
- Was wollt ihr beim nächsten Feueralarm machen?

Wortschatz

Der Unterricht – the lesson	auch – also
laut – loud	zählen – to count
Das Geräusch – the noise	Der Schüler – the pupil
Der Feueralarm – the fire alarm	Der Direktor – the principal
Die Lehrerin – the teacher	Die Feuerwehr – the fire brigade
Schulhof – schoolyard	erklären – to explain
benutzen – to use	Die Übung – the exercise
Der Notfall – the emergency	jeder – everyone
Der Fluchtweg – the escape route	brennen – to burn
Der Weg – the path/way/route	schnell – quickly
erkennen – to recognize	draußen – outside
Das Schild – the sign	loben – to praise
rennen – to run	stolz – proud
die anderen Klassen – the other classes	

76. Das WIFI Passwort

Max sitzt im Café "Blumenstrauß" und trinkt einen Kaffee. Er will etwas auf seinem Handy lesen, aber er hat kein Signal. Er sucht nach dem WIFI Passwort, aber er kann kein Schild finden. Der Kellner kommt und Max fragt: "Entschuldigung, haben sie WIFI?" Der Kellner überlegt, dann sagt er: "Ja wir haben WIFI, aber ich weiß das Passwort nicht. Einen Moment bitte, ich werde fragen." Er geht nach dem WIFI Passwort fragen. Einer der Gäste sagt zu Max. "Ich habe das WIFI Passwort. Ich bin oft hier. Es ist 012345." Max bedankt sich und beginnt zu lesen. Der Kellner kommt zurück und sagt: "Das WIFI Passwort ist 012345." Max antwortet: "Danke, der nette Mann dort hat es mir schon gesagt. Trotzdem danke!" "Kein Problem. Brauchen sie noch etwas?", will er wissen. "Nein danke", sagt Max. Der Kellner lächelt und geht weiter zum nächsten Tisch.

Fragen
- Was will Max mit seinem Handy machen?
- Wieso geht das nicht?
- Kann ihm der Kellner helfen?
- Wie hilft der Mann Max?
- Was macht der Kellner nachdem er mit Max geredet hat?

Wortschatz
etwas – something
Handy – mobile phone
Das Schild – the sign
Der Kellner – the waiter
Entschuldigung – excuse me
überlegen – to ponder
Der Gast – the guest
oft – **often**
bedanken – to thank
zurückkommen – to return
nett – kind
dort – there
schon – already
brauchen – to need
lächeln – to smile
weiter gehen – to go on / to continue
nächste – next

77. Eine Bestellung

Ich bin in einem Möbelgeschäft. Ich muss Möbel für meine neue Wohnung kaufen. Ich wohne seit einem Tag in Berlin, aber ich habe nur ein Bett. "Hallo, ich möchte gerne Möbel bestellen", sage ich dem Mitarbeiter. "Was brauchen sie?", will er wissen. "Ich brauch einen Tisch", sage ich. Der Mitarbeiter zeigt mir die Tische. Sie sind schön. Ich sage: "Ich nehme diesen Tisch und ich brauche auch Stühle." Der Mitarbeiter führt mich zu den Stühlen. Die Stühle sind teuer, aber sie sehen sehr gut aus. Ich finde Stühle, die mir gefallen. Ich bestelle die Stühle auch. "Ich brauche auch noch Schränke", sage ich, "Einen großen Schrank für Kleider und einen kleinen Schrank für Schuhe." "Das ist schwer. Wir haben nur große Schränke", sagt der Mann. Ich bestelle einen großen Schrank. Den kleinen Schrank kaufe ich in einem anderen Geschäft. Bevor ich gehe, sage ich dem Mitarbeiter meinen Namen und meine Adresse. Er sagt, dass die Möbel in zwei Wochen geliefert werden. Das ist gut. Zwei Wochen sind nicht lange. Ich fahre nach Hause. Zu Hause überlege ich, wo ich die Möbel hinstelle.

Fragen
- Warum bist du in dem Geschäft?
- Was bestellst du zuerst?
- Sind Stühle billig?
- Warum kannst du keinen kleinen Schrank kaufen?
- Wann werden die Möbel geliefert und ist das lang?

Wortschatz

Die Möbel – the furniture	**nehmen** – to take
Das Geschäft – the store	**brauchen** – to need
Die Wohnung – the apartment	**teuer** – expensive
kaufen – to buy	**finden** – to find
wohnen – to live	**gefallen** – to like
seit – since	**Der Schrank** – the closet
ich möchte gerne – I would like to	**Die Schuhe** – the shoes
bestellen – to order	**schwer** – hard / difficult
Der Mitarbeiter – the employee	**ein anderes Geschäft** – a different store
brauchen – to need	**bevor** – before
zeigen – to show	**überlegen** – to ponder
schön – beautiful	**hinstellen** – to place

78. Ich bin zu müde

Heute hat Mark lang gearbeitet. Er will sich mit seinen Freunden treffen. Sie wollen Fußball spielen, aber Mark ist zu müde. Immer wieder fallen seine Augen zu. Mark schläft eine halbe Stunde. Nach dem Aufwachen ist Mark immer noch müde. Mark nimmt sein Telefon. Er ruft seinen Freund Tobias an und sagt: "Es tut mir leid Tobias. Ich kann heute nicht kommen. Ich habe zu viel gearbeitet und bin todmüde." Tobias sagt: "Das macht nichts. Wir können ein anderes Mal spielen. Hast du am Samstag Zeit?" Mark überlegt. Am Samstag muss Mark nicht arbeiten. Er wird nicht müde sein. "Ja, am Samstag ist gut. Um vierzehn (14) Uhr?", will Mark wissen. "Lieber um sechzehn (16) Uhr, ich muss am Morgen meiner Mutter helfen", antwortet Tobias. "Alles klar, sagst du unseren Freunden Bescheid?", fragt Mark. "Ja das mache ich, am Samstag ist das Wetter auch besser", antwortet Tobias. Mark beendet den Anruf. Er ist so müde, dass er direkt einschläft.

Fragen

- Warum will Max seine Freunde treffen?
- Warum ist Max müde?
- Wann trefft ihr euch?
- Wie ist das Wetter am Samstag?
- Was macht Max nach dem Anruf?

Wortschatz

Lang - long	**immer noch** – still
arbeiten – to work	**anrufen** – to call (with the phone)
sich treffen – to meet up	**viel** – a lot
Der Fußball – the soccer	**Das macht nichts** – that is not a problem
spielen – to play	**Ein anderes Mal** – another time
müde – tired	**Zeit haben** – to be free
immer wieder – again and again	**überlegen** – to ponder
fallen – to fall	**helfen** – to help
Das Auge – the eye	**Bescheid sagen** – to inform
schlafen – to sleep	**Das Wetter** – the weather
eine halbe Stunde – half an hour	**auch** – also
nach dem Aufwachen – after waking up	**einschlafen** – to fall asleep

79. Lieblingsmusik

Nina und Tom reden über Musik. "Ich mag Rock am liebsten. Rockmusik über Liebe.", sagt Nina. "Über Liebe? Das ist langweilig", sagt Tom. "Ich liebe Heavy Metall. Am liebsten sehr schnelle Lieder. Die Musik muss zu der Stimme passen", sagt er. "Schnelle Lieder machen mich nervös. Wenn ich Musik höre, dann will ich entspannen", sagt Nina. "Am liebsten höre ich Musik, wenn ich ein Buch lese", sagt sie. Tom lacht. "Musik muss stark und laut sein", sagt er. Nina schüttelt ihren Kopf. Sie denkt, dass Musik ruhig sein muss. Mit Musik verbindet man besondere Momente. "Am liebsten mag ich die achtziger (80). Das ist wahre Musik", sagt Nina. "Dieses Gejaule? Das kann ich nicht glauben. Dein Geschmack ist wirklich schlecht.", antwortet Tom. "Meine Lieblingsband ist Metallica. Die Band macht gute Musik. Sie haben sehr viele gute Lieder. Was ist dein Lieblingslied?", sagt Tom. "Mein Lieblingslied ist Rebell Yell von Billy Idol und meine Lieblingsband ist AC/DC.", sagt Nina.

Fragen

- Was mag Nina am liebsten?
- Was mag Tom am liebsten?
- Was will Nina tun, wenn sie Musik hört?
- Warum denkt Nina, dass Musik ruhig sein muss?
- Was ist Ninas Lieblingslied?

Wortschatz

Die Liebe – the love
langweilig – boring
lieben – to love
schnell – fast
Das Lied – the song
Die Stimme – the voice
passen – to fit
entspannen – to relax
Musik hören – to listen to music
lachen – to laugh
stark – strong

laut – loud
schütteln – to shake
ruhig – calm
verbinden – to connect
besonders – exceptional
wahr – true
glauben – to believe
Der Geschmack – the taste
wirklich – truly
Die Lieblingsband – the most favorite band

80. Ich mag...

Ich mag die Sonne am Morgen. Wenn ich in meinem Garten sitze, dann scheint mir die Sonne in mein Gesicht. Ich mag die Wärme der Sonne. In der Sonne sitzen ist gesund. Am liebsten trinke ich dabei Kaffee. Ich mag den Geruch von frischem Kaffee am Morgen. Ich mag es, einen Tee zu trinken und ein gutes Buch zu lesen. Ich brauche die Ruhe am Nachmittag. Sie hilft mir, mich von meiner Arbeit zu erholen. Ich mag es, wenn ich arbeiten muss und es regnet. Es ist nicht schlimm, dass ich drinnen sitzen muss und arbeiten muss. Bei Regen kann ich nicht nach draußen. Ich mag viele Dinge. Manche Dinge mag ich mehr als andere Dinge. Aber am meisten mag ich es, wenn alle Dinge die ich mag am selben Tag passieren.

Fragen

- Was passiert, wenn du in deinem Garten sitzt?
- Was machst du am liebsten während du in der Sonne sitzt?
- Was machst du während du ein Buch liest?
- Warum ist es nicht schlimm, wenn du beim Regen drinnen sitzen muss?
- Was magst du am meisten?

Wortschatz

mögen – to like	helfen – to help
scheinen – to shine	erholen – to recover
Das Gesicht – the face	regnen – to rain
Die Wärme – the warmth	schlimm – bad
gesund – healthy	drinnen – inside
am liebsten mögen – to like the most	draußen – outside
dabei – in the process	viel – many
Der Geruch – the smell	Das Ding – the thing
frisch – fresh	am meisten – the most
Die Ruhe – the rest	am selben Tag passieren – to happen on the same day
Der Nachmittag – the afternoon	

81. Ich habe einen Unfall

Ich und mein Freund sind auf der Autobahn gefahren. Wir sind sehr schnell gefahren. Ein Auto vor uns hat plötzlich gebremst. Mein Freund hat nicht bremsen können. Wir sind auf das andere Auto geprallt. Ich habe mir den Kopf gestoßen. Mein Freund hat Schmerzen in seinem Bein. Die anderen Autos fahren weiter. Ich steige aus und helfe meinem Freund aus dem Auto. Unser Auto raucht und es riecht nach Benzin. Ich gehe zu dem anderen Auto. Ich hoffe, dass niemand verletzt ist. Der Fahrer des anderen Autos winkt mir zu. Er streckt seinen Daumen nach oben und zeigt mir, dass alles in Ordnung ist. Wir haben Glück gehabt. Der Fahrer öffnet das Fenster und sagt: "Mir ist nichts passiert. Alles ist in Ordnung. Ich habe mich nur erschrocken. Das Auto vor mir hat plötzlich gebremst." Ich nicke. Es ist nicht seine Schuld. "Brauchen sie Hilfe?", frage ich. "Nein, ich rufe die Polizei, mein Auto ist kaputt. Ich kann nicht weiterfahren", antwortet der Fahrer. Ich gehe zu meinem Freund. "Niemand ist verletzt", sage ich. Mein Freund hat sich auch erschrocken. Er ist ganz weiß im Gesicht. Ich wähle einhundertzehn (110) und rufe den Krankenwagen. Die Polizei kommt schnell, danach kommt der Krankenwagen. Der Krankenwagen fährt meinen Freund in das Krankenhaus.

Fragen

- Was ist auf der Autobahn passiert?
- Was machen die anderen Autos?
- Ist der Fahrer der anderen Autos verletzt?
- Warum ruft er den Abschleppdienst?
- Kann er weiterfahren?
- Was macht der Krankenwagen?

Wortschatz

Die Autobahn – the highway
vor – in front
plötzlich - suddenly
bremsen – to slow down / to brake
prallen – to collide
den Kopf stoßen – to hit your head
Der Schmerz – the pain
weiterfahren – to continue driving
aussteigen – to get out
helfen – to help
rauchen – to smoke
riechen – to smell
Das Benzin – the gasoline
niemand – nobody
verletzt – hurt
Der Fahrer – the driver

winken – to wave
den Daumen nach oben strecken – thumbs up
zeigen – to show
in Ordnung sein – to be alright
Glück haben – to be lucky
öffnen – to open
passieren – to happen
erschrecken – to scare
nicken – to nod
Die Schuld – the fault
Hilfe brauchen – to need help
kaputt – broken
verletzt – hurt
ganz – complete
Der Krankenwagen – the ambulance
Das Krankenhaus – the hospital

82. Ich streiche mein Zimmer

Die Farbe in meinem Zimmer strahlt nicht mehr. Es ist Zeit, die Wände neu zu streichen, aber ich weiß nicht, welche Farbe ich nehmen soll. Ich gehe in ein Geschäft für Farbe. Die Mitarbeiterin zeigt mir viele verschiedene Farben. Sie erklärt mir die Vorteile und die Nachteile der verschiedenen Farben. "Manche Farben decken mehr als andere. Man muss dann nur zwei Mal (2) Streichen. Bei anderen Farben muss man drei (3) oder vier (4) Mal streichen", sagt sie. Mir gefällt die grüne Farbe, aber die blaue Farbe ist auch schön. Ich kann mich nicht entscheiden. "Sie können beide Farben kaufen und die Farbe, die sie nicht benutzen, bringen sie mir wieder", sagt die Frau. Das ist eine gute Idee. Ich kaufe beide Farben. Zuhause entscheide ich mich für die blaue Farbe. Ich streiche meine Wand mit der blauen Farbe. Die grüne Farbe bringe ich zurück in das Geschäft. Ich bin zufrieden mit meiner Arbeit. Mein Zimmer sieht wieder gut aus. Die Farbe strahlt wieder.

Fragen
- Warum musst du die Wände neu streichen?
- Was erklärt dir die Frau?
- Warum kannst du beide Farben kaufen?
- Mit welcher Farbe streichst du dein Zimmer?
- Was machst du mit der anderen Farbe?

Wortschatz

Die Farbe – the color
strahlen – to shine
Die Wand – the wall
streichen – to paint
Das Geschäft – the store
Die Mitarbeiterin – the employee
zeigen – to show
verschieden – different
decken – to cover
mehr – more

gefallen – to like
entscheiden – to decide
kaufen – to buy
benutzen – to use
bringen – to bring
Die Idee – the idea
beide – both
zufrieden – satisfied
wieder - again
aussehen – to look

83. Timo geht spazieren

Timo hat einen Hund. Es ist ein sehr großer Hund und Timo muss viel mit ihm laufen. Jeden Mittag geht Timo mit seinem Hund spazieren. Heute geht Timo in den Wald. Timos Hund mag den Wald. Er liebt es, zwischen den Bäumen zu schnuppern und ohne Leine zu rennen. Timo mag den Wald auch. Er mag den Geruch der Bäume. Timo wohnt in der Stadt. Dort riecht es anders. Nicht wie hier. Im Wald kann Timo entspannen. Es ist sehr ruhig hier. Timo genießt die Ruhe. Sein Hund ist wild. Er rennt ohne Pause. Timo freut sich, dass sein Hund Spaß hat. Am Abend kann er nur kurz mit seinem Hund nach draußen, deshalb ist es wichtig, dass sein Hund im Wald viel rennen kann. Große Hunde müssen viel rennen. Wenig Bewegung ist für sie schlecht.

Fragen

- Was für einen Hund hat Timo und warum muss er viel laufen?
- Wie oft geht Timo mit seinem Hund spazieren?
- Was macht der Hund im Wald?
- Warum mag Timo den Wald?
- Warum ist es wichtig das sein Hund viel rennen kann?

Wortschatz

viel – a lot
jeden Mittag – every afternoon
spazieren – to go for a walk
zwischen – between
schnuppern – to sniff
ohne – without
Die Leine – the leash
rennen – to run
auch – also
Der Geruch – the smell
wohnen – to live
riechen – to smell

anders – different
genießen – to enjoy
Die Ruhe – the quietness
Die Pause – the break
sich freuen – to be happy
Der Spaß – the fun
nur kurz – only shortly
draußen – outside
wenig – a little
Die Bewegung – the movement
schlecht - bad

84. Hannah macht eine Bootsfahrt

Hannah steht am Ufer. Vor ihr fließt der Fluss. Es ist ein großer Fluss. Hannah will heute eine Bootsfahrt machen. Hannahs Freundin will mit Hannah fahren. Sie kaufen für fünf (5) Euro Fahrkarten, danach warten sie auf das Boot. Es ist ein riesiges Boot. Hannah und ihre Freundin sehen es schon von Weitem. Es kommt nur langsam näher. Hannah und ihre Freundin gehen auf das Boot und suchen nach Stühlen. Unter ihnen vibriert der Motor des Bootes. Hannah und ihre Freundin sind aufgeregt. Sie wollen viele interessante Dinge sehen. Am Ufer des Flusses gibt es Burgen, Weinfelder und schöne Dörfer. Hannah freut sich am meisten auf die Burgen, aber auch auf die Dörfer. Hannah mag alte Gebäude. Ihre Freundin liebt Wein. Sie will die Weinfelder sehen. Sie hat schon Wein aus dieser Region getrunken und findet es interessant, die Felder zu sehen. Das Boot fährt los. Es schaukelt ein wenig, aber das macht nichts. Es ist nicht wie auf dem Meer. Auf dem Meer kann einem von dem Schaukeln schlecht werden. Hannah und ihre Freundin genießen die Bootsfahrt sehr. Sie wollen in Zukunft auch auf anderen Flüssen Bootsfahrten machen.

Fragen

- Was machen Hannah und ihre Freundin heute?
- Was will Hannah sehen?
- Was will ihre Freundin sehen?
- Was kann auf dem Meer passieren?
- Was wollen Hannah und ihre Freundin in Zukunft machen?

Wortschatz:

Das Ufer – the shore
fließen – to flow
Der Fluss – the river
Die Bootsfahrt – the boat trip
kaufen – to buy
Die Fahrkarten – the tickets
danach – afterwards
warten – to wait
von Weitem – from far away
langsam – slowly
näher – closer
suchen – to search
unter - below

aufgeregt sein – to be excited
viele interessante Dinge – a lot of interesting things
Die Burg – the castle
Das Weinfeld – the wine field
Das Dorf – the village
sich freuen auf – to be looking forward to
schaukeln – to rock
ein wenig – a little bit
das macht nichts – it is not a problem
Das Meer – the ocean
genießen – to enjoy
in Zukunft – in the future

85. Der verletzte Vogel

Ich habe einen verletzten Vogel in meinem Garten gefunden. Er kann nicht mehr fliegen. Ich denke, dass sein Flügel gebrochen ist. Er sieht anders aus, als der andere Flügel. Vorsichtig nehme ich den Vogel in meine Hand. Ich steige mit dem Vogel in mein Auto und fahre zum Tierarzt. Der Tierarzt sagt auch, dass der Flügel gebrochen ist. Er sagt, dass er dem Vogel helfen kann, aber dass es teuer ist. Ich mag es nicht, wenn Tiere leiden müssen, deshalb sage ich dem Tierarzt, dass er dem Vogel helfen soll. Der Vogel bekommt eine Stütze für seinen Flügel und er bekommt Medizin. "Sie müssen den Vogel drei Mal am Tag füttern. Er braucht viel frische Luft. Haben sie eine Katze?", sagt der Tierarzt. "Nein ich habe keine Katze", antworte ich. "Das ist gut. Lassen sie den Vogel in ihrer Wohnung. Nach drei Wochen ist der Flügel geheilt", sagt er. Ich bedanke mich und fahre nach Hause. In den nächsten drei Wochen helfe ich dem Vogel jeden Tag. Nach drei Wochen lasse ich ihn nach draußen und er fliegt wieder. Der Vogel kommt jeden Morgen an mein Fenster. Er wartet bis ich aufgestanden bin und begrüßt mich, danach fliegt er wieder weg.

Fragen

- Warum kann der Vogel nicht mehr fliegen?
- Was machst du mit dem Vogel?
- Warum sagst du dem Tierarzt, dass er dem Vogel helfen soll?
- Wie lange dauert es, bis der Vogel geheilt ist?
- Nach welchem anderen Tier fragt der Tierarzt
- Was macht der Vogel jeden Morgen?

Wortschatz

verletzt – hurt	teuer – expensive
Der Vogel – the bird	leiden – to suffer
finden – to find	deshalb – therefore
fliegen – to fly	Die Stütze – the support
Der Flügel – the wing	füttern – to feed
gebrochen sein – to be broken	Die Luft – the air
anders – different	frisch – fresh
der andere – the other	Die Wohnung – the apartment
vorsichtig – careful	heilen – to heal
Der Tierarzt – the veterinarian	jeden Tag – every day
helfen – to help	

86. Meine Schwester kommt nicht nach Hause

Meine Schwester hat um drei (3) Uhr Schulaus. Jetzt ist es sieben (7) Uhr. Meine Mutter versucht meine Schwester anzurufen, aber meine Schwester hört ihr Telefon nicht. Meine Mutter hat Angst. Ich bin auch nervös. Hoffentlich ist meiner Schwester nichts passiert. Meine Mutter steigt in ihr Auto und fährt zur Schule. Sie sucht zwei (2) Stunden nach meiner Schwester. Ich rufe die Freundinnen meiner Schwester an und frage nach meiner Schwester. Niemand weiß wo sie ist. Sie ist nach der Schule in den Bus eingestiegen. Ich mache mir Sorgen. Meine Schwester ist sehr ordentlich. Sie vergisst nie, meine Mutter anzurufen, wenn sie nicht nach Hause kommt. Meine Mutter kommt nach Hause. Sie hat meine Schwester nicht gefunden. Sie ruft die Polizei an. Der Polizist sagt, dass die Polizei auch nach meiner Schwester suchen wird. Meine Mutter weint. Sie denkt, dass etwas Schlimmes passiert ist. Es ist zehn (10) Uhr. Meine Schwester kommt nach Hause. Sie war mit einem Jungen im Kino und in einem Restaurant. Sie sagt, dass ihr Handy keinen Strom mehr hatte. Meine Mutter ist wütend, aber erleichtert. Wir sagen der Polizei, dass wir meine Schwester wiedergefunden haben.

Fragen
- Wann hat deine Schwester Schulaus?
- Wieso kann deine Mutter deine Schwester nicht anrufen?
- Was hoffst du?
- Warum machst du dir Sorgen?
- Was sagen die Freundinnen deiner Schwester?
- Was macht deine Mutter?
- Warum hat deine Schwester nicht angerufen?
- Wann kommt sie nach Hause?

Wortschatz

Schulaus – when school is over
versuchen – to try
anrufen – to call (phone)
hören – to hear
Die Angst – the anxiety
hoffentlich – hopefully
passieren – to happen
suchen – to search
niemand – no one
einsteigen – to enter / to board
sich Sorgen machen – to be concerned

ordentlich – orderly
vergessen – to forget
weinen – to cry
denken – to think
schlimm – bad
Das Handy – the cell phone
Der Strom – the electricity
wütend – angry
erleichtert – relieved
finden – to find

87. Ein Buch ausleihen

Heute bin ich in der Bibliothek. Ich brauche ein Buch für die Universität. Die Bibliothek ist riesig. Viele Studenten leihen sich jeden Tag Bücher aus. Manche Studenten sitzen zum Lernen in der Bibliothek. Das habe ich auch schon gemacht. In der Bibliothek muss man leise sein, deshalb kann man in der Bibliothek gut lernen. Wenn man ein Buch ausleiht, dann muss man es nach einer bestimmten Zeit zurückbringen. Wenn man das Buch nicht rechtzeitig zurückbringt, dann muss man Geld bezahlen. Das kann schnell teuer werden. Pro Tag kostet es fünfzig (50) Cent. Ich bin froh, dass es die Bibliothek gibt. Ich brauche viele Bücher für mein Studium. Wenn ich alle Bücher kaufe, dann ist das sehr teuer. Normalerweise bringe ich ein Buch nach drei (3) Wochen zurück.

Fragen
- Was machen die Studenten jeden Tag in der Bibliothek?
- Warum kann man in der Bibliothek gut lernen?
- Warum gehst du in die Bibliothek?
- Warum leihst du Bücher in der Bibliothek aus?
- Warum kann es schnell teuer werden?

Wortschatz
Die Bibliothek – the library
riesig – huge
manche – some
schon – already
ausleihen – to borrow
nach einer bestimmten Zeit – after a certain amount of time
zurückbringen – to bring back
rechtzeitig – in time
normalerweise – normally

88. Kleider kaufen

Meine Frau will Kleider kaufen und ich muss sie begleiten. Ich gehe nicht gerne Kleider kaufen. Meine Frau braucht immer sehr viel Zeit. Wir besuchen oft viele Geschäfte, bevor sie etwas findet. Sie probiert viele Kleider an und fragt mich nach meiner Meinung. Ich helfe ihr, so gut ich kann. Heute will meine Frau Hosen kaufen. Wir waren schon in drei Geschäften. Ich bin müde und will nach Hause, aber meine Frau ist noch lange nicht fertig. Wir sind schon seit zwei (2) Stunden unterwegs. Meine Frau kauft in diesem Geschäft eine Hose. Sie probiert auch einige Jacken an. Ich verstehe nicht, wie man so viel Kleider anprobieren kann. Wenn ich Kleider kaufen gehe, dann bin ich schnell fertig. Ich weiß genau, was ich will und muss nicht viele Kleider anprobieren. Ich will nur wissen, ob sie passen, danach kaufe ich sie. Endlich ist meine Frau fertig. Sie hat drei (3) Hosen gekauft. Eine blaue Hose, eine grüne Hose und eine schwarze Hose. Eine Jacke hat sie nicht gekauft, aber sie hat zehn (10) Jacken anprobiert.

Fragen
- Warum braucht deine Frau immer sehr viel Zeit?
- In wie vielen Geschäften wart ihr schon?
- Was probiert deine Frau an?
- Warum brauchst du nicht so viel Zeit?
- Was kauft deine Frau
- Wie viele Jacken probiert deine Frau an?
- Wie lange seit ihr schon unterwegs?

Wortschatz
Die Kleider – the clothes
begleiten – to accompany
besuchen – to visit
anprobieren – to try on
Die Meinung – the opinion
so gut ich kann – as good as I can
noch lange nicht fertig - far from finishing
Die Hose – the trouser
unterwegs – on the way
Die Jacke – the jacket
verstehen – to understand
passen – to fit
endlich – finally

89. Meine Zukunft

Manchmal denke ich an meine Zukunft. Wie wird mein Leben in zehn (10) Jahren aussehen. Werde ich meine Wünsche erfüllen und kann ich meine Träume verwirklichen? Ich habe viele Wünsche und Träume. Es wird schwer werden, alles zu schaffen, aber ich muss es versuchen. Werde ich ein Haus haben? Eine Familie? Ich weiß es nicht. Ich werde nicht mehr zuhause wohnen. Vielleicht habe ich eine eigene Wohnung, oder ich miete eine Wohnung. Werde ich ein Auto haben? Vielleicht. Irgendwie muss ich ja zur Arbeit kommen. Wenn ich von meiner Zukunft träume, dann kann viel Zeit vergehen. Ich mag das Träumen, aber ich versuche es nicht zu oft zu tun. Man kann sich schnell in seinen Träumen verlieren und die Gegenwart vergessen.

Fragen

- Worüber denkst du nach, wenn du an die Zukunft denkst?
- Wirst du ein Haus haben?
- Träumst du lange von deiner Zukunft?
- Warum versuchst du nicht so oft von der Zukunft zu träumen?
- Wirst du ein Auto haben?

Wortschatz

manchmal – sometimes
Die Zukunft – the future
Das Leben – the life
Der Wunsch – the wish
erfüllen – to fulfill
verwirklichen – to realize
Der Traum – the dream
alles schaffen – to make everything possible / to realize everything
mieten – to rent
vergehen – to pass
versuchen – to try
verlieren – to lose
Die Gegenwart – the present

90. Mein neues Auto

Ich habe ein neues Auto gekauft. Einen Volkswagen. Ich mag Volkswagen, weil sie gute Autos bauen. Wenn man auf seinen Volkswagen aufpasst, dann muss man nicht oft ein neues Auto kaufen. Mein neues Auto ist schwarz. Das ist meine Lieblingsfarbe. Es hat fünf (5) Türen und hundertdreißig (130) PS. Mein neues Auto ist groß genug, dass ich mit meiner Familie in Urlaub fahren kann. Das ist wichtig, weil wir viel in Urlaub fahren. Das neue Auto ist sparsam. Ich brauche nicht viel Geld, um zu tanken. Natürlich ist das Auto teuer, aber ich kaufe nicht jedes Jahr ein Auto und Mobilität ist wichtig. Ich fahre jeden Morgen dreißig (30) Minuten zur Arbeit. Dafür brauche ich ein Auto. Mittags holt meine Frau mit dem Auto die Kinder ab. Wir haben nur ein Auto. Es wird viel benutzt, deshalb habe ich ein neues Auto gekauft. Gebrauchte Autos gehen oft schnell kaputt. Man muss viele Reparaturen machen. Das kostet eine Menge Geld, deshalb kann man direkt ein neues Auto kaufen. Ich bin mit meinem neuen Auto zufrieden.

Fragen
- Warum magst du Volkswagen?
- Warum hast du ein schwarzes Auto gekauft?
- Warum ist Mobilität wichtig?
- Warum hast du kein gebrauchtes Auto gekauft?
- Benutzt du dein Auto alleine?
- Wie oft benutzt du das Auto?
- Warum kosten gebrauchte Autos auch viel Geld?

Wortschatz
bauen – to build
auf etwas aufpassen – to take care of something
oft – often
groß genug – big enough
wichtig – important
sparsam – economical
tanken – to refuel
natürlich – of course
teuer – expensive
jedes Jahr – every year
abholen – to pick up
benutzen – to use
deshalb – therefore
gebraucht – used
zufrieden – satisfied

91. Meine letzte Reise

Heute will ich von meiner letzten Reise erzählen. Ich bin im Sommer nach Moskau geflogen. Moskau ist eine sehr schöne und interessante Stadt. Ich liebe alte Gebäude und alte Geschichte. Moskau hat beides, eine interessante Geschichte und viele Gebäude, die sie erzählen. In Russland sind viele Dinge anders als in Deutschland. Moskau ist eine teure Stadt, sagt man mir. Ich merke das nicht. Die Preise sind genauso hoch, wie bei mir zuhause. Ich besuche viele Museen und sehe viele Monumente. Ich habe viel Spaß auf meiner Reise. Ich gehe ins Kino und sehe mir einen russischen Film an. Ich verstehe kein Russisch, aber das macht nichts. In der Zukunft will ich die Sprache lernen. Das wird viel Arbeit, aber es macht Spaß. Auf meinem Weg nach Deutschland mache ich einen Zwischenstopp in Riga. Riga ist auch eine sehr schöne Stadt. Ich verbringe meinen Nachmittag in Riga und versuche, so viele Dinge wie möglich zu sehen, aber ich habe nur wenig Zeit. Am Abend steige ich in das Flugzeug nach Frankfurt. Der Flug ist kurz und ich bin froh, wieder zuhause zu sein. Meine Reise war großartig. Ich erzähle meinen Freunden von meiner Reise, zeige ihnen Bilder und empfehle ihnen Moskau zu besuchen.

Fragen
- Was hast du letzten Sommer gemacht?
- Was hat dich an Moskau interessiert?
- Ist es in Moskau teuer?
- Verstehst du Russisch und ist das ein Problem?
- Was machst du in Moskau?
- Wo machst du einen Zwischenstopp?
- Was empfiehlst du deinen Freunden?

Wortschatz
die letzte Reise – the last trip
fliegen – to fly
Das Gebäude – the building
Die Geschichte – the history
beides – both
erzählen – to tell
genauso – equally
Der Zwischenstopp – layover
verbringen – to spend
Das Flugzeug – the airplane
Der Flug – the flight
empfehlen – to recommend

92. Torsten erstattet Anzeige

Torsten ist der Geldbeutel gestohlen worden. Jetzt muss Torsten zur Polizei und Anzeige erstatten. Die Polizisten haben viele Fragen. Zuerst wollen sie von Torsten wissen, was genau passiert ist. Torsten erzählt, dass er in der U-Bahn gefahren ist. Danach war sein Geldbeutel verschwunden. Die Polizisten sagen, dass das oft passiert. In der U-Bahn ist es eng und voll. Es wird dort viel gestohlen. Die Polizisten wollen wissen, um wie viel Uhr der Diebstahl passiert ist und in welcher U-Bahn. Torsten erzählt ihnen auch, dass jemand seinem Freund eine Kamera gestohlen hat. Die Polizisten schreiben sich alles auf und fragen Torsten nach seiner Telefonnummer. Torsten gibt den Polizisten alle Daten. Die Polizisten sagen, dass es Videos aus der U-Bahn gibt. Leider sieht man nur selten das Gesicht der Personen. Torsten muss jetzt alle Kreditkarten sperren lassen und einen neuen Ausweis besorgen.

Fragen
- Warum ist Torsten bei der Polizei und was ist passiert?
- Wo war Torsten, als sein Geldbeutel verschwunden ist?
- Was wollen die Polizisten wissen?
- Was ist seinem Freund passiert?
- Kann die Polizei Torsten helfen?

Wortschatz
Die Anzeige – the complaint
stehlen – to steal
Anzeige erstatten – to file a complaint
genau – exactly
Die U-Bahn – the subway
verschwinden – to vanish
eng – cramped
Der Diebstahl – the theft
leider – unfortunately
selten – rarely
erkennen – to recognize
sperren lassen – to block
besorgen – to get

93. Auf der Baustelle

Ich arbeite auf einer Baustelle. Wir bauen Häuser und Garagen. Häuser bauen macht Spaß. Ich mag es, zu sehen wie die Häuser in den Himmel wachsen. Wir bauen große Häuser, mindestens acht (8) Etagen hoch. Wenn wir auf der obersten Etage arbeiten, dann sehen die Straßen unter uns winzig aus. Die Autos sind klein und die Menschen werden zu kleinen Punkten. Es ist harte Arbeit und jeden Abend bin ich sehr müde, aber ich liebe meine Arbeit. Ich kann auch etwas anderes arbeiten, aber ich will nicht. Nichts macht mir so sehr Spaß, wie auf einer Baustelle zu arbeiten. Wir müssen jeden Tag viele schwere Dinge tragen und an die richtigen Orte stellen. Wir müssen aufpassen, dass alles richtig ist. Wenn wir nicht aufpassen, dann kann das Gebäude einstürzen. Das ist gefährlich und viele Menschen können verletzt werden. Auch auf der Baustelle kann man sich verletzen. Wir haben oft Verletzungen, aber das sind nur kleine Verletzungen. Etwas Schlimmes passiert selten. Das letzte Gebäude, dass wir gebaut haben, war ein Wohnhaus.

Fragen

- Was baut ihr und wo arbeitest du?
- Was magst du an deiner Arbeit?
- Was passiert mit den Autos und Menschen, wenn du auf der obersten Etage stehst?
- Machen dir andere Dinge mehr Spaß?
- Was müsst ihr jeden Tag machen?
- Warum ist es gefährlich, wenn ihr nicht aufpasst?
- Habt ihr oft große Verletzungen?

Wortschatz

Die Baustelle – building site
zusehen – to watch
Der Himmel – the sky
wachsen – to grow
mindestens – at least
hoch – high
oberste – uppermost
winzig – tiny
Der Punkt – the dot / the point

etwas anderes – something else
nichts – nothing
schwer – heavy
aufpassen – to pay attention
einstürzen – to collapse
gefährlich – dangerous
verletzen – to get hurt
selten – rarely
Das Wohnhaus – residential building

94. Ich will nicht alt werden

Ich will nicht alt werden. Alt werden ist langweilig. Meine Großmutter sitzt den ganzen Tag nur in ihrem Sessel und sieht fern. Das will ich nicht. Ich will reisen und viele neue Dinge sehen. Ich will Spaß haben und neue Freunde kennen lernen. Zuhause sitzen ist langweilig. Meine Großmutter sagt, dass sie nicht mehr reisen kann. Sie ist zu alt und zu müde. Ich will so lange wie möglich jung bleiben, aber meine Großmutter sagt: „Das kann man sich nicht aussuchen. Jeder wird alt." Meine Großmutter sagt, dass alt werden schön ist. Man hat Enkel und eine Menge Spaß. Man darf Dinge tun, die man als Junge nicht darf. Sie hat recht. Ich will auch Autofahren dürfen, aber dafür muss man nicht siebzig (70) Jahre alt sein. „Du wirst es verstehen, wenn du älter bist", sagt meine Großmutter oft. Ich verstehe nicht, was sie meint, aber das macht nichts. Manchmal ist meine Großmutter ein wenig merkwürdig.

Fragen
- Warum denkst du, dass alt werden langweilig ist?
- Was willst du in Zukunft machen?
- Warum kann deine Großmutter nicht reisen?
- Warum ist alt werden schön?
- Was darf man als kleiner Junge nicht machen?

Wortschatz
alt werden – to grow old
langweilig – boring
den ganzen Tag – the whole day
Der Sessel – the armchair
fernsehen – to watch TV
so lange wie möglich – as long as possible
reisen – to travel
aussuchen – to choose
recht haben – to be right
verstehen – to understand
merkwürdig - strange

95. Meine Mama ist die Beste

Tom findet, dass seine Mama die beste Mama auf der ganzen Welt ist. Jeden Morgen weckt sie ihn und macht ihm Frühstück. Tom isst sehr viel und es schmeckt jedes Mal lecker. Danach fährt sie ihn in die Grundschule. Tom lernt den ganzen Morgen das Lesen und das Schreiben und wenn er nach Hause kommt, dann hat seine Mama gekocht. Das Mittagessen ist nicht immer lecker. Manchmal kocht Toms Mama Dinge, die Tom nicht mag. Das macht nichts. Seine Mama sagt immer, dass Tom auch gesunde Dinge essen muss. Tom versteht das nicht, aber er isst das Essen trotzdem. Er ist seiner Mama sehr dankbar. Am Mittag trifft Tom Freunde, oder treibt Sport. Seine Mama fährt ihn mit dem Auto zu seinen Freunden, oder zum Sport. Jeden Tag. Am Abend holt seine Mama ihn wieder ab. Toms Mama lächelt immer und Tom denkt, dass sie sehr glücklich ist. Wenn Tom am Abend nach Hause kommt, isst er. Am Abend gibt es kein warmes Essen. Seine Mama macht ihm Brote und es gibt Gemüse. Nach dem Essen bringt seine Mama ihn ins Bett. Jeden Abend liest sie ihm eine Geschichte, aus einem dicken Buch. Tom hat seine Mama sehr lieb. Seine Mama ist die beste Mama auf der ganzen Welt.

Fragen
- Was macht Toms Mama jeden Morgen?
- Was lernt Tom den ganzen Morgen?
- Was macht Tom am Mittag.
- Isst Tom am Abend warme Dinge?
- Was macht Toms Mama, bevor er ins Bett geht.

Wortschatz
auf der ganzen Welt – in the whole world
wecken – to wake someone up
schmecken – to taste
lecker – tasty
Die Grundschule – elementary school
gesund – healthy
trotzdem – nevertheless
dankbar – thankful
lächeln – to smile
Die Geschichte – the tale

96. Max will ans Meer

Max war noch nie am Meer. Seine Freunde waren schon oft am Meer. Sie erzählen ihm von den Wellen, den Möwen und dem Strand. Max ist neidisch. Er will auch das Meer sehen. Wenn seine Freunde vom Meer erzählen, dann klingt das großartig. Max will auch schwimmen und in der Sonne liegen. Er will den warmen Sand unter seinen Füßen spüren und die Möwen singen hören. Die Familie von Max kann sich keinen Urlaub leisten. Seine Mutter arbeitet nicht und sein Vater verdient nicht viel Geld. Alle seine Freunde haben viel Geld. Max ist es peinlich, dass seine Familie kein Geld hat. Er ist deshalb oft traurig. Heute ist ein besonderer Tag. In der Schule reden die Schüler über die Klassenfahrt und wohin sie fahren wollen. Tom ist überrascht. Alle wollen ans Meer fahren. Sie sagen, dass Tom das Meer noch nie gesehen hat und sie wollen ihm helfen. Tom ist glücklich, so glücklich, dass er weint. Er ist seinen Freunden sehr dankbar.

Fragen
- Warum war Max noch nie am Meer?
- Wovon erzählen seine Freunde?
- Was arbeitet Max Mutter?
- Warum ist Max oft traurig?
- Wo wollen alle hinfahren?
- Warum ist heute ein besonderer Tag und was macht Toms Klasse?
- Warum ist Tom seinen Freunden dankbar?

Wortschatz

noch nie – never	singen – to sing
Das Meer – the ocean	hören – to hear
oft – often	sich etwas leisten können – to be able to afford something
erzählen – to tell	
neidisch – envious	Geld verdienen – to earn money
Die Welle – the wave	peinlich – embarrassed
Die Möwe – seagull	traurig – sad
Der Strand – the beach	besonders – special
klingen – to sound	Die Klassenfahrt – school trip
schwimmen – to swim	überrascht sein – to be surprised
Der Sand – the sand	weinen – to cry
spüren – to feel	dankbar - thankful

97. Das Hausmädchen

Meine Mutter arbeitet viel. Sie hat keine Zeit im Haus zu arbeiten, deshalb hat sie ein Hausmädchen gesucht. Das Hausmädchen macht die Arbeit zuhause. Sie ist wie eine Mutter, nur jünger. Sie kocht, wäscht und putzt. Alles das, was meine Eltern normal machen. Meine Mutter sagt, dass ein Hausmädchen nicht billig ist, aber wenn sie arbeitet, dann verdient sie mehr Geld und kann das bezahlen. Ich mag das Hausmädchen. Sie ist freundlich. Manchmal kocht sie für mich und meine Brüder. Sie kann gut kochen. Das Hausmädchen ist aus einem anderen Land. Meine Mutter hat mir gesagt, aus welchem Land das Hausmädchen kommt, aber ich habe es vergessen. Sie kocht Dinge aus ihrer Heimat. So etwas isst man bei uns normal nicht, aber ich finde es sehr lecker. Wenn ich groß bin, dann will ich auch ein Hausmädchen. Ich bin froh, dass sie da ist. Wenn ich Probleme mit den Hausaufgaben habe, dann hilft sie mir. Sie ist sehr gut in Mathematik und Biologie. Sie sagt, dass sie Biologie studiert hat, aber keine Arbeit gefunden hat. Deshalb arbeitet sie jetzt als Hausmädchen.

Fragen
- Warum hat deine Mutter keine Zeit im Haus zu arbeiten?
- Was macht das Hausmädchen?
- Warum magst du das Hausmädchen
- Kocht das Hausmädchen deutsches Essen?
- Woher kommt das Hausmädchen?
- Was hat sie studiert?
- Warum arbeitet sie jetzt als Hausmädchen?

Wortschatz
Das Hausmädchen – housemaid
suchen – to search
jünger – younger
kochen – to cook
waschen – to wash
putzen – to clean
billig – cheap
freundlich – friendly
Die Heimat – the homeland

98. Ich habe das nicht gemacht

„Ich war das nicht!", ruft Martin. „Doch, du warst das! Ich habe dich gesehen.", ruft Hannah. Du hast das letzte Brot genommen. „Habe ich nicht. Das war Paul. Ich habe es genau gesehen!", antwortet Martin. „Das ist doch kein Problem", sagt Martins Mutter, „ich mache euch einfach noch mehr Brote." „Aber es ist unhöflich, das letzte Brot zu essen, ohne zu fragen!", ruft Hannah. „So etwas macht man nicht." Hannah ist wütend. Auf dem Brot war das letzte Stück Schinken. Hannah liebt Schinken. „Du weißt genau, dass ich den Schinken am liebsten mag.", ruft Hannah, „deshalb hast du es genommen, ohne zu fragen." „Nein, ich habe das nicht gemacht. Das war Paul, ich verspreche, ich war das nicht.", sagt Martin. Martin hat das Brot nicht genommen. Paul hat es genommen, während Hannah nicht hingesehen hat. „Ich habe das letzte Brot genommen.", sagt Paul. „Tut mir leid, ich habe nicht gewusst, dass du Schinken magst." „Tut mir leid Martin", sagt Hannah. „Ich wollte nicht schreien."

Fragen
- Was ist passiert?
- Warum ist Hannah wütend?
- Wer hat das letzte Brot genommen?
- Was mag Hannah am liebsten?

Wortschatz
Das Brot – the bread
nehmen – to take
genau – clearly
unhöflich – rude
wütend – angry
das letzte – the last
Das Stück – the piece
Der Schinken – ham
versprechen – to promise
hinsehen – to look
schreien – to cry

99. Auf dem Konzert

Meine Freundin hat mich zu einem Konzert eingeladen. Es ist mein erstes Konzert und ich bin sehr aufgeregt. Ich kenne die Band nicht, aber das ist egal. Meine Freundin kennt die Band und sie sagt, dass die Band sehr gute Musik macht. Wir fahren mit dem Auto zu dem Konzert. Auf dem Weg erzählt mir meine Freundin von den Liedern der Band und wir hören sie uns an. Ich denke, dass es eine gute Band ist. Ich bin gespannt, wie das Konzert wird. Am Eingang kontrolliert ein Mann unsere Eintrittskarten. Ein anderer Mann kontrolliert, ob wir gefährliche Dinge haben, dann dürfen wir auf das Konzert. Es sind viele Leute hier. Jeder will die Band sehen. Um acht (8) Uhr fängt das Konzert an. Es ist sehr laut. Die Leute trinken Bier, und tanzen. Meine Freundin und ich tanzen auch. Wir haben viel Spaß zusammen. Die Band spielt zwei (2) Stunden lang, dann ist das Konzert vorbei. Ich bin froh, dass meine Freundin mich eingeladen hat. Es war ein großartiger Abend.

Fragen

- Warum bist du aufgeregt?
- Was macht ihr im Auto?
- Kennst du die Band?
- Was passiert am Eingang?
- Wie oft werdet ihr kontrolliert?
- Was machen die Leute auf dem Konzert?
- Wie lang spielt die Band
- Hat es dir gefallen?

Wortschatz

einladen – to invite
mein erstes – my first
aufgeregt – excited
Die Lieder – the songs
gespannt sein - to be excited
Der Eingang – the entrance
kontrollieren – to control
Die Eintrittskarte – ticket
gefährlich – dangerous
dürfen – to be allowed
zusammen – together
vorbei – over
großartig - great

100. Auf der Post

Lukas will seinen Freunden in Frankreich eine Postkarte schicken. Er hat die Postkarte schon geschrieben. Er muss sie nur noch abschicken. Lukas steigt in sein Auto und fährt zur Post. Die Post erkennt man an einem großen gelben Schild. Fast jedes Dorf hat eine Post. In Deutschland werden jeden Tag sehr viele Briefe verschickt. Lukas muss warten, weil ein paar Leute vor ihm stehen. Endlich ist er an der Reihe. „Hallo, ich möchte eine Postkarte nach Frankreich verschicken", sagt Lukas. „Nach Frankreich? Dann müssen sie dieses Papier ausfüllen", sagt die Mitarbeiterin. Sie gibt Lukas das Papier und Lukas beginnt zu schreiben. Lukas ist fertig und gibt das Papier der Frau. Die Frau klebt das Papier auf die Karte und klebt eine Briefmarke auf die Karte. Lukas bezahlt ein Euro und fünfzig Cent (1,50). „Die Postkarte wird morgen verschickt. Es dauert zwei Tage, bis sie ankommt", sagt die Frau. Lukas bedankt sich. Er hat nicht gewusst, dass es so einfach ist, eine Postkarte zu verschicken.

Fragen
- Was will Lukas auf der Post machen?
- Gibt es nur in der Stadt eine Post?
- Warum muss Lukas warten?
- Wann wird die Postkarte verschickt?
- Was macht die Frau mit dem Papier?

Wortschatz
Die Postkarte – the postcard
abschicken – to send away
verschicken – to send
endlich – finally
Das Papier – the paper
ausfüllen – to fill out
kleben – to glue / to stick to
Die Briefmarke – postage stamp
ankommen – to arrive
einfach - easy

101. Im Aldi

Mein Kühlschrank ist leer. Ich habe keine Lebensmittel mehr. Das heißt, dass ich einkaufen muss. Ich mag das Einkaufen, weil es im Supermarkt immer neue Dinge gibt. Ich verbringe immer viel Zeit im Supermarkt. Das macht Spaß, aber es kann schnell teuer werden. Wenn ich zu lange im Supermarkt bin, dann kaufe ich zu viele Dinge. Heute habe ich nicht viel Zeit. Ich will mich später noch mit meinen Freunden treffen. Wenn ich wenig Zeit habe, dann muss ich mich beeilen. Zuerst schreibe ich eine Einkaufsliste. Heute ist Samstag. Morgen kann ich nicht einkaufen, weil am Sonntag alle Geschäfte geschlossen sind. Ich habe meine Einkaufsliste geschrieben. Jetzt kann ich los. Ich gehe aus dem Haus und zu meinem Auto. Die Fahrt zum Aldi dauert fünfzehn (15) Minuten. Heute ist viel los. Viele Menschen kaufen am Samstag ein, weil sie von Montag bis Freitag arbeiten. Ich stecke einen (1) Euro in einen Einkaufswagen und ich gehe in das Geschäft. Zuerst brauche ich Kaffee und Tee. Das finde ich direkt am Eingang. Ich lege den Tee und den Kaffee in meinen Einkaufswagen und gehe weiter. Als nächstes suche ich Milch. Ich finde sie schnell und schaue auf meinen Einkaufszettel. Ich brauche nur noch Bananen und Käse. Ich finde den Käse neben der Milch. Die Bananen liegen beim Obst und Gemüse. Jetzt habe ich alles. Ich gehe zur Kasse. Ich habe den Saft vergessen und ich laufe zurück. Ich kann den Saft nicht finden. „Entschuldigen sie bitte, wo finde ich den Saft", frage ich einen Mann. „Der Saft steht auf der anderen Seite von diesem Regal." Ich finde den Saft schnell und ich trage ihn zu meinem Einkaufswagen. Ich bezahle an der Kasse und fahre nach Hause. Jetzt kann ich meine Freunde treffen.

Fragen

- Warum magst du das Einkaufen?
- Was machst du, wenn du zu lange im Supermarkt bist?
- Warum musst du dich beeilen?
- Warum kannst du morgen nicht einkaufen?
- Wo steht der Kaffee
- Warum musst du zurücklaufen?
- Was machst du nach dem Einkaufen?

Wotschatz

Der Kühlschrank – the fridge	**Der Einkaufswagen** – shopping cart
einkaufen – to buy (food)	**brauchen** – to need
Das Ding – the thing	**legen** – to lay
verbringen – to spend time	**suchen** – to search
teuer – expensive	**Das Obst** – fruits
treffen – to meet	**Das Gemüse** – vegetables
beeilen – to hurry	**finden** – to find
Die Einkaufsliste – the shopping list	**vergessen** – to forget
los können – to be able to start	**zurück** – back
dauern – to take (time)	**Die Seite** – the side
viel los sein - it is crowded	**Das Regal** – the shelf
stecken – to put / to stick (into)	**tragen** – to carry

102. Wandern

Heute gehen wir wandern. Ich und meine Freundin haben Urlaub und wir wollen die Natur genießen. Wir sind gestern an die Mosel gefahren. Die Mosel ist ein großer Fluss, im Westen von Deutschland. Hier wächst viel Wein und man kann gut wandern. Am Morgen gehen wir los. Es ist noch früh und die meisten Menschen sind noch im Bett. Wir lieben den Morgen. Alles ist ruhig und man kann die Natur genießen. Vögel singen, die Sonne scheint und das Wasser rauscht neben uns. Mir gefällt, wenn es ruhig ist. Die große Stadt ist weit weg. Hier kann ich mich erholen und meinen Urlaub genießen. Wir wandern drei (3) Stunden auf einem kleinen Pfad, dann machen wir eine Pause. Wir sitzen an einer kleinen Hütte. Die Hütte steht auf einem Berg. Hier trinken wir ein Bier und genießen die Aussicht. Die Luft ist hier sehr gut. Sie ist anders als in der Stadt. Nach der Pause gehen wir weiter. Wir haben noch einen weiten Weg vor uns. Es ist jetzt Mittag und wir treffen viele Leute. Viele Menschen wandern an der Mosel, weil die Landschaft so schön ist. Von den Bergen kann man die Mosel sehen. Sie sieht aus, wie eine Schlange. Es ist kälter geworden und wir müssen Jacken anziehen. Der Wind ist auch stärker geworden. Es sieht aus, als würde es gleich regnen. Wir sind nicht auf Regen vorbereitet, deshalb gehen wir zurück in das Tal. Im Tal gehen wir zum Bahnhof. Von dort fahren wir zu unserem Hotel. Wir sind früher zurück, als wir gedacht haben. Das macht nichts. Es war trotzdem ein schöner Tag. Müde gehen wir in unser Bett.

Fragen

- Was macht ihr heute?
- Was ist die Mosel?
- Wann fangt ihr an?
- Geht ihr spät los?
- Was gefällt dir?
- Wo macht ihr Pause?
- Warum wandern viele Menschen an der Mosel?
- Warum müsst ihr eure Jacken anziehen?

Wortschatz

Das Wandern – the hiking	**erholen** – to recover
Die Natur – the nature	**anders** - different
genießen – to enjoy	**Die Pause** – the break
Der Fluss – the river	**Die Hütte** – the hut
früh – early	**nach** - after
losgehen – to start (to walk)	**Die Landschaft** – the landscape
die meisten – the most	**aussehen wie** – to look like
ruhig – quiet	**Die Schlange** – the snake
scheinen – to shine	**gleich** - soon
rauschen – to rustle	**regnen** – to rain
neben – next to	**vorbereitet sein** – to be prepared
Die Aussicht – the view	**trotzdem** – nevertheless

103. Ich schreibe mich an der Uni ein

Peter ist achtzehn Jahre alt und mit der Schule fertig. Jetzt muss er sich entscheiden. Will er eine Ausbildung machen, oder will er an der Universität studieren. Peter ist unsicher. Er weiß nicht genau, was er machen will. Seine Mutter sagt: „Schreib dich doch an der Uni ein. Du bist jung. Wenn es dir nicht gefällt, dann kannst du immer noch etwas anderes machen." Peter denkt, dass das stimmt, deshalb will er sich an der Universität einschreiben. Das Einschreiben ist nicht schwer, aber man muss viele Dokumente an die Uni schicken. Peter mag das nicht. „Das ist so umständlich", sagt er. „Ja das stimmt, aber so ist das. Jeder muss das machen", sagt seine Mutter. „Wenn du an die Uni willst, dann musst du die Dokumente rechtzeitig an die Uni schicken." Peter hat einen Stapel, auf dem die Dokumente liegen. Dort sucht er alles, was er braucht. Sein Personalausweis ist am wichtigsten. Peter muss zeigen, wer er ist. Außerdem muss er sein Zeugnis zeigen und er muss beweisen, dass er versichert ist. Peter muss viel telefonieren, weil nicht alle Dokumente auf dem Stapel liegen. Am Abend ist er endlich fertig. Er kann die fehlenden Dokumente am nächsten Tag abholen, dann kann er seine Bewerbung zur Post bringen. Peter ist aufgeregt. Ob ihm die Universität gefällt? Ist es das Richtige? Er hat noch viele Fragen, aber es ist schon spät. Morgen will Peter die Uni anrufen. Er will mehr Informationen über die Universität. Für heute ist Peter fertig. Bevor Peter schlafen geht, besucht er die Webseite der Universität. Dort gibt es viele Informationen, aber auch neue Fragen. Peter ist aufgeregt. Die Universität gefällt ihm. Er kann es kaum erwarten, mit dem Studieren anzufangen.

Fragen
- Was kann Peter nach der Schule machen?
- Was sagt Peters Mutter?
- Warum ist das Einschreiben umständlich?
- Wo sucht Peter seine Dokumente?
- Braucht Peter seinen Personalausweis?
- Hat Peter alle Dokumente, die er braucht?
- Ruft Peter die Uni an bevor er ins Bett geht?

Wortschatz

fertig sein – to be finished
entscheiden – to chose
Die Ausbildung – the apprenticeship
unsicher – insecure / not sure
genau – exactly
Das Einschreiben – the enrollment
schicken – to send
umständlich – cumbersome
rechtzeitig – in time
Der Stapel – the pile / the stack

suchen – to search
Der Personalausweis – the German ID card
beweisen – to prove
Das Zeugnis – German school certificate
zeigen – to show
fehlend – missing
abholen – to pick up
Die Bewerbung – the application
aufgeregt – excited
erwarten – to expect

104. Polterabend

Heute bin ich auf einen Polterabend eingeladen. Meine beste Freundin heiratet. Wir feiern den Polterabend nicht bei ihr, sondern bei ihrem Freund. Ich war noch nie bei ihrem Freund zuhause. Ob ich den Weg finden werde? Um fünf (5) Uhr mache ich mich fertig. Ich habe ein Geschenk und ein paar alte Tassen dabei. Die Tassen sind sehr wichtig, weil ich sie für einen Teil der Feier brauche. Ein Polterabend ist eine alte Tradition. Man feiert sie in Deutschland, aber auch in anderen Teilen von Europa. Die Freunde des Ehepaars zerbrechen am Polterabend Porzellan, um dem Ehepaar Glück zu wünschen. Als ich ankomme sind schon viele Leute da. Ich suche zuerst meine Freundin, um ihr zu gratulieren und um ihr Glück zu wünschen. Meine Freundin ist nicht schwer zu finden. Viele Leute sind bei ihr und geben ihr Geschenke. Ich gebe ihr mein Geschenk, dann suche ich etwas zu trinken. Das Zerbrechen der Tassen wird erst später beginnen. Zuerst wird gefeiert. Ich treffe viele Leute, die ich kenne, und ich habe viel Spaß. Meine Freundin erzählt, dass sie sich auf die Hochzeit freut, aber nervös ist. Ich sage ihr, dass sie sich keine Sorgen machen muss. Alles wird bestimmt wunderbar. Als es dunkel wird, gehen wir nach draußen. Jeder hat etwas aus Porzellan. Wir werfen die Dinge in den Hof, so dass sie kaputt gehen. Es ist laut, aber es macht viel Spaß. Alle lachen und sind glücklich. Wir freuen uns, weil meine Freundin glücklich ist. Manche Leute werfen Teller, andere Leute werfen Tassen. Ich sehe zwei Freunde meiner Freundin, die eine Toilette dabeihaben. Das ist sehr lustig. Nachdem die Toilette kaputt ist, gehen wir nach drinnen. Wir trinken noch einige Stunden, dann ist der Polterabend vorbei. Ich habe viel Spaß gehabt, aber ich bin müde. Ich freue mich schon auf meinen Polterabend.

Fragen
- Feiert ihr bei deiner Freundin?
- Warum sind die Tassen wichtig?
- Schenken die Freunde dem Ehepaar Tassen und Teller?
- Was erzählt deine Freundin?
- Was macht ihr, als es dunkel wird?

Wortschatz

Der Polterabend – celebration which is held before the couple marries
feiern – to celebrate
sondern – but
nie – never
sich fertig machen – to get ready
Die Tasse – the cup
anderen - other
Der Teil – the part
zerbrechen – to break
Das Porzellan – porcelain
Das Ehepaar – the married couple
Das Glück – the luck

zuerst – firstly
wünschen – to wish
später – later
sich freuen auf – to look forward to
Die Hochzeit – the marriage
nervös – nervous
wunderbar – wonderful
dunkel – dark
werfen – to throw
Der Hof – the backyard
Der Teller – the plate
dabei haben – to have with you

105. Wir streiten oft

Ich bin Tom. Ich habe vier Geschwister. In einer so großen Familie ist es manchmal schwer. Meistens ist alles gut, aber wir streiten auch oft. Das beginnt schon am Morgen. Wer darf zuerst duschen? Wer muss warten? Wer zuerst duschen will, muss früher aufstehen. Wer als letztes duscht kommt meistens zu spät zur Schule. Meine Mutter sagt oft, dass wir mehr reden und weniger streiten müssen. Meine Geschwister nicken, dann streiten sie weiter. Ich kann das nicht verstehen. Ich versuche wenig zu streiten, aber manchmal geht das nicht. Am meisten streiten wir, wenn wir spielen. Ich und meine Geschwister lieben die gleichen Spielsachen. Jeder versucht die Spielsachen zuerst zu bekommen. Wenn meine Geschwister die Spielsachen haben, dann geben sie mir die Spielsachen nicht. Heute haben wir nicht gestritten. Ich bin froh. Ich mag es nicht, wenn wir streiten. Ich liebe meine Familie, deshalb will ich nicht streiten. Vor zwei Tagen haben wir viel gestritten, weil meine Schwester die Süßigkeiten nicht mit mir teilen wollte. Am Ende ist jeder in sein Zimmer gegangen. Danach haben wir den ganzen Tag nicht miteinander gesprochen. Das hat mich sehr traurig gemacht. Meine Mutter sagt, dass streiten normal ist. Jeder streitet mal. Sogar meine Mutter und mein Vater. Man darf streiten, aber nicht zu viel.

Fragen
- Wieso streitet Tom manchmal am Morgen?
- Was passiert, wenn man als letztes duscht?
- Wann streiten Tom und seine Geschwister am meisten?
- Warum ist Tom heute froh?
- Warum hat Tom vor zwei Tagen mit seiner Schwester gestritten?

Wortschatz
Die Geschwister – the siblings
meistens – mostly / most of the time
zuerst – firstly
als letztes – last
zu spät – to late
streiten – to quarrel
nicken – to nod
Die Spielsache – the toy
froh sein – to be happy / to be relieved
am Ende – at the end
danach – afterwards
miteinander – together
traurig – sad

106. Eine Verabredung

Max hat eine Verabredung. Er trifft sich mit einem Mädchen. Sie heißt Julia. Max war am letzten Wochenende in einer Bar. Er geht am Wochenende oft mit seinen Freunden in diese Bar. Dort hat er Julia kennengelernt. Max und Julia haben viel geredet. Max mag Julia sehr und er denkt, dass sie ihn auch mag. Vor zwei Tagen hat Max Julia angerufen. Sie wollen an diesem Wochenende in den Park und in ein Museum gehen. Julia liebt Kunst und Max mag alte Dinge. Max ist aufgeregt. Er steht lange vor seinem Kleiderschrank und überlegt, was er anziehen soll. Endlich hat er sich entschieden. Max geht zur Metro. Er fährt zwanzig (20) Minuten bis zum Park. Max ist nervös. Er wartet vor dem Park auf Julia, aber Julia kommt nicht. Sie ist schon zehn (10) Minuten zu spät. Endlich kommt Julia. „Entschuldigung, dass ich zu spät bin. Mein Bus ist nicht gekommen.", sagt Julia. „Macht doch nichts", sagt Max. „Wollen wir losgehen?", will Max wissen. „Ja lass uns losgehen", sagt Julia. Max und Julia gehen in den Park. Sie laufen zwei (2) Stunden im Park. Sie reden über viele Dinge. Was Max studiert, wo Julia arbeitet. Sie haben viele Themen. Sie haben nicht gemerkt, dass sie schon so lange laufen. „Ich habe Hunger und ich bin müde. Ich will mich setzen. Willst du auch etwas essen?", fragt Max. „Ja, lass uns am nächsten Wochenende in das Museum gehen.", antwortet Julia. Max und Julia gehen in ein italienisches Restaurant. Sie essen Pizza und trinken Wein. Es ist spät und Max und Julia verabschieden sich. Nächstes Wochenende wollen sie in das Museum gehen.

Fragen

Was macht Max heute?
- Wo hat Max Julia kennengelernt?
- Denkt Max, dass Julia ihn nicht mag?
- Was liebt Max, was liebt Julia?
- Warum steht Max lange vor seinem Kleiderschrank?
- Ist Max zu spät?
- Über was reden Max und Julia?
- Wohin gehen Max und Julia nach dem Park?

Wortschatz

Die Verabredung – the date / the appointment
sich treffen – to meet
letztes Wochenende – last weekend
kennenlernen – to get to know
Die Kunst – art
aufgeregt – excited
Der Kleiderschrank – the closet
überlegen – to consider / to ponder

endlich – finally
sich entscheiden – to make up your mind
Das Ding – the thing
Das Thema – the topic
merken – to notice
sich setzen – to sit down
verabschieden – to say goodbye

107. Wir grillen

Hallo, ich heiße Max und ich wohne in Deutschland. Seit einem Jahr wohne ich mit meiner Freundin Julia in einem kleinen Dorf. Heute wollen wir uns mit unseren Freunden treffen. Wir gehen in den Wald und wir wollen grillen. Beim Grillen wird Fleisch über dem Feuer gebraten. Ich esse sehr gerne Fleisch, deshalb mag ich das Grillen. Ich und Julia sollen Fleisch kaufen und meine Freunde bringen den Grill. Julia und ich machen uns fertig. Wir packen warme Kleidung ein, weil es abends kalt werden kann. Wir bringen unsere Sachen in das Auto und fahren los. Wir brauchen fünfzehn (15) Minuten, bis wir beim Supermarkt sind. Das Fleisch ist nicht teuer. Es kostet zwanzig (20) Euro. Nachdem wir fertig sind, fahren wir zum Wald. In zwei Stunden wird es dunkel, dann muss das Feuer brennen. Unsere Freunde sind schon im Wald. Sie warten auf uns. Wir begrüßen unsere Freunde, dann machen wir Feuer. Am Anfang ist das Feuer groß und sehr warm. Nach einer Stunde ist es klein genug. Wir fangen mit dem Grillen an. Ich habe Hunger und ich will endlich essen. Es dauert nicht lange, bis das Fleisch fertig ist. Wir trinken Bier und reden, dann ist das Fleisch fertig. Es ist bereits dunkel. Das Feuer ist klein und macht nicht mehr genug Licht. Zum Essen brauchen wir Licht. Wir holen unsere Taschenlampen und fangen mit dem Essen an. Das Fleisch schmeckt köstlich und alle werden satt. Ein paar Stunden später ist das Feuer aus. Es ist kalt geworden, und wir haben unsere Jacken angezogen. Wir gehen müde zum Auto. Nächstes Wochenende wollen wir wieder Grillen. Wir hatten viel Spaß.

Fragen

- 1Wie lange wohnst du in dem Dorf
- Was macht ihr heute?
- Wird beim Grillen Fleisch gekocht?
- Was machst zu mit Julia im Supermarkt?
- Warum braucht ihr warme Kleidung?
- Dauert es lange, bis das Fleisch fertig ist?
- Wollt ihr am nächsten Wochenende wandern gehen?

Wortschatz

seit – since	**warten** – to wait
Das Dorf – the village	**begrüßen** – to greet
grillen – to grill	**Das Feuer** – the fire
Das Grillen – the grilling	**genug** – enough
Das Fleisch – the meat	**anfangen** – to start
sich fertig machen – to get ready	**endlich** – finally
Die Kleidung – the clothes	**Das Licht** – the light
Die Sache – the thing	**Die Taschenlampe** – the flashlight
bis – until	**köstlich** – delicious
nachdem – after	**satt sein** – to be full
dunkel – dark	

108. Ich mag keine Hausarbeit

Ich soll die Treppe saugen, aber ich will nicht. Ich mag keine Hausarbeiten. Ich hasse sie. Gestern musste ich die Wäsche aufhängen und vorgestern musste ich die Straße vor dem Haus kehren. Meine Eltern geben mir jeden Tag neue Aufgaben. Natürlich erledige ich die Aufgaben, aber ich mag es nicht. Es kostet viel Zeit. Als Schüler muss ich viel lernen. Ich kann nicht jeden Tag im Haus helfen, aber meine Eltern verstehen das nicht. Ich habe schon versucht, mit meinen Eltern darüber zu reden. „Du musst lernen, wie man solche Dinge macht. Wenn du alleine wohnst, musst du das können.", sagt meine Mutter. „Du bist jung und hast viel Kraft. Du schaffst das.", sagt mein Vater. Zuhause haben wir einen Plan. Auf dem Plan steht wann ich welche Hausarbeit machen muss. Morgen werde ich das Bad putzen. Ich hasse das Putzen am meisten. Jeden Abend muss ich das Geschirr nach dem Abendessen waschen. Wenn ich mich beschwere, dann sagen meine Eltern, dass ich gerne kochen kann. Sie machen dann den Abwasch. Ich habe darüber nachgedacht. Es ist kein gutes Angebot, deshalb mache ich den Abwasch. Ich finde, dass meine Eltern haben recht. Ich muss diese Dinge lernen, aber ich habe trotzdem wenig Zeit. Ich werde mit meinen Eltern reden. Vielleicht kann ich auch weniger arbeiten und trotzdem alles lernen. Es dauert noch lange, bis ich alleine wohne.

Fragen

- Was sollst du machen?
- Musst du oft Hausarbeiten machen?
- Was hast du gestern gemacht?
- Warum kannst du nicht viel helfen?
- Was sagt dein Vater?
- Was steht auf dem Plan?
- Waschen deine Eltern jeden Abend das Geschirr?
- Was willst du ändern?

Wortschatz

Die Treppe – the stairs	**Putzen** – to clean
saugen – to vacuum clean / to suck	**hassen** – to hate
Die Hausarbeiten – the chores	**Das Geschirr** – the dishes
Die Wäsche aufhängen – to hang out the laundry	**waschen** – to wash
kehren – to sweep	**beschweren** – to complain
Die Aufgabe – the task	**recht haben** – to be right
natürlich – of course	**Das Angebot** – the offer
erledigen – to handle / to complete	**Der Abwasch** – dish washing
verstehen – to understand	**trotzdem** – nevertheless
Das Ding – the thing	**vielleicht** – maybe
alleine – by yourself / on your own	**dauern** – to take time
etwas schaffen – to be able to do sth.	

109. Mein Leben in einer WG

Hallo! Ich bin Jenny und ich bin Studentin. Ich wohne in München und ich studiere Physik. Heute will ich euch meine WG zeigen. Ihr wisst nicht was eine WG ist? Das macht nichts. Ich kann es euch schnell erklären. Wenn man eine Wohnung mit anderen Leuten teilt, dann heißt das WG. In einer WG hat jeder sein eigenes Zimmer, aber es gibt nur ein Badezimmer und nur eine Küche. Die anderen Leute in einer WG heißen Mitbewohner. Mitbewohner zu haben ist super. Wenn man in einer WG wohnt, dann zahlt man weniger Geld. Eine eigene Wohnung ist viel teurer. Ich und meine Mitbewohner machen viele Dinge zusammen. Wir kochen zweimal pro Woche zusammen und jeden Abend sitzen wir zusammen im Wohnzimmer. Wir spielen Spiele oder sehen fern. Manchmal gehen wir zusammen in eine Bar. Ich bin froh, dass ich meine Mitbewohner habe. Wir haben immer viel Spaß zusammen. Meine Mitbewohner sind sehr nett. Wenn ich ein Problem habe, dann helfen sie mir. Ich kann mich auf sie verlassen. Manchmal ist das Leben in einer WG schwierig. Man muss wissen, wann das Badezimmer frei ist. Manchmal muss ich lange warten, bevor die Toilette frei ist. Das ist unangenehm. Manchmal streiten wir auch, aber nur über kleine Dinge. Wenn man mit mit anderen Leuten zusammenwohnt, dann ist nicht alles perfekt. Wir haben trotzdem eine Menge Spaß und wir wohnen gerne in unserer WG. Unsere WG hat einen langen Flur. Am Eingang, rechts, ist die Toilette. Das Badezimmer ist auf der linken Seite. Danach kommen die Zimmer. Wir haben vier (4) Zimmer. In zwei (2) Zimmern wohnen Mädchen und in zwei Zimmern wohnen Jungen. Das nennt man eine gemischte WG. Am Ende des Flurs sind die Küche und das Wohnzimmer. Wir haben viel Glück, weil wir ein großes Wohnzimmer und eine neue Küche haben. Viele Studenten haben nur wenig Platz. In unserer WG ist das nicht so. Wie hat euch meine WG gefallen?

Fragen

- Wo wohnt Jenny, was studiert sie?
- Was ist eine WG?
- Was ist ein Mitbewohner?
- Was machen Jenny und ihre Mitbewohner zwei Mal pro Woche?

Wortschatz

Die WG – shared apartment	**sich verlassen** – to rely
erklären – to explain	**schwierig** – hard / difficult
teilen – to share	**frei** – free
sein eigenes – his own	**unangenehm** – inconvenient
Der Mitbewohner – the roommate	**trotzdem** – nevertheless
zahlen – to pay	**Der Flur** – the corridor
zusammen – together	**Der Eingang** – the entrance
jeden – every	**Glück haben** – to be lucky
froh sein – to be glad	**gefallen** – to like
nett – polite	

110. Ein Paket abholen

Ich muss zur Post. Ich habe ein Paket bekommen. Ich denke, dass es meine Bestellung ist. Ich habe letzte Woche ein paar Bücher im Internet bestellt. Das mache ich oft. Ich lese sehr viel. Pro Woche lese ich ein Buch. Das Paket ist gestern gekommen, aber ich war auf der Arbeit. Wenn man das Paket nicht annimmt, dann muss man zur Post gehen und es abholen. Die Post ist nicht weit. Ich kann in zehn (10) Minuten zur Post laufen, aber ich fahre mit dem Auto. Das Paket ist schwer. Ich habe acht (8) Bücher gekauft. Ich will die Bücher nicht nach Hause tragen. Die Post öffnet um acht (8) Uhr und arbeitet bis um zwölf (12), dann haben die Mitarbeiter Pause. Nach der Pause arbeitet die Post von dreizehn (13) bis siebzehn (17) Uhr. Ich gehe in die Post. Vor mir ist eine lange Schlange. Ich stelle mich in die Reihe und warte. Es dauert nicht lange. Die Leute wollen nur Briefe verschicken. Das dauert nicht lange. Ich bin an der Reihe. „Hallo, ich möchte ein Paket abholen", sage ich. „Haben sie den Paketschein?", will die Frau wissen. Wenn man ein Paket abholen möchte, dann braucht man einen Paketschein. Auf dem Paketschein steht, welches Paket man bekommt. „Ja ich habe den Schein." Ich gebe den Paketschein der Frau. „Haben sie ihren Ausweis dabei?", will sie wissen. Ich gebe ihr auch den Ausweis. Die Frau schaut auf den Ausweis, dann sagt sie: „Alles klar, einen Moment bitte." Sie geht in den anderen Raum und holt mein Paket. Das Paket ist groß. Ich helfe der Frau mit dem Tragen. Es war gut, dass ich mit dem Auto gefahren bin. Das Paket ist noch größer, als ich gedacht habe. Ich bin froh. Jetzt kann ich endlich wieder lesen.

Fragen
- Warum musst du zur Post?
- Wie viel liest du?
- Was passiert, wenn man das Paket nicht annimmt?
- Warum fährst du mit dem Auto zur Post?
- Warum musst du nicht lange warten?
- Was braucht die Frau von dir?
- Ist das Paket klein?

Wortschatz

bekommen – to get	**Die Reihe** – the line / the queue
Die Bestellung – the order	**verschicken** – to send
bestellen – to order	**dauern** – to take time
pro Woche – per week	**Der Paketschein** – parcel label
gestern – yesterday	**Der Ausweis** – the ID card
annehmen – to receive	**Der Raum** – the room
abholen – to pick sth. up	**Das Tragen** – the carrying
weit – far	**froh sein** – to be glad
tragen – to carry	**endlich** - finally
Die Schlange – the queue	

III. Verkehrskontrolle

Es ist Nachmittag und Tobias fährt nach Hause. Tobias war auf der Arbeit. Jetzt hat er Feierabend und will nach Hause. In seinem Ort, steht ein Polizeiauto an der Straße. Ein Polizist zeigt Tobias, dass er anhalten soll. Tobias hält das Auto an. Der Polizist läuft langsam zum Auto. Tobias macht die Tür auf und steigt aus. „Hallo Wachtmeister, wie kann ich ihnen helfen?", fragt Tobias. „Allgemeine Verkehrskontrolle! Geben sie mir bitte ihren Führerschein, ihre Fahrzeugpapiere und ihren Ausweis", sagt der Polizist. Tobias gibt dem Mann die Sachen. „Wo kommen sie her?", will der Polizist wissen. „Ich war auf der Arbeit und jetzt fahre ich nach Hause", sagt Tobias. Der Polizist liest die Dokumente. Es dauert ein paar Minuten, dann gibt der Polizist Tobias seine Dokumente zurück. „Alles in Ordnung, sie können weiterfahren.", sagt er. „Ist etwas passiert?", will Tobias wissen. „Wir suchen einen Mann. Er ist aus dem Gefängnis ausgebrochen.", sagt der Polizist. „Er ist nicht gefährlich, aber er ist krank.", sagt der Polizist. „Wenn sie ihn sehen, dann rufen sie bitte diese Nummer an", sagt er. Er gibt Tobias eine Karte. Auf der Karte steht eine Telefonnummer. „Wie sieht der Mann aus?", fragt Tobias. „Sie können ihn leicht erkennen. Er hat gelbe Kleider an und er hat keine Haare mehr.", sagt der Polizist. Tobias sagt, dass er den Polizisten anruft, wenn er den Mann sieht. Der Polizist bedankt sich und verabschiedet sich. Tobias kann endlich weiterfahren. Nach zehn (10) Minuten ist er endlich wieder zuhause.

Fragen

- Woher kommt Tobias?
- Warum hält Tobias an?
- Was will der Polizist haben
- Was will der Polizist wissen?
- Was ist passiert?
- Wie kann Tobias helfen?
- Was hat der Mann an?
- Was gibt der Polizist Tobias?

Wortschatz

Der Nachmittag – the afternoon
Feierabend – closing time
Der Ort – the place
anhalten – to stop
langsam – slowly
Wachtmeister – officer
Allgemeine Verkehrskontrolle – general traffic check
Der Führerschein – the driving license
Die Fahrzeugpapiere – the vehicle documents
Der Ausweis – the ID card
Die Ordnung – the order

passieren – to happen
suchen – to search
Das Gefängnis – the prison
ausbrechen – to break free
Die Karte – the card
aussehen – to look (like)
bedanken – to thank
verabschieden – to say goodbye
weiterfahren – to continue driving
endlich - finally

112. Mein Freund kommt nach Deutschland

Heute bekomme ich Besuch. Ein Freund kommt mich besuchen. Es ist ein besonderer Freund, weil er nicht in Deutschland wohnt. Mein Freund Björn wohnt in Schweden. Ich habe ihn während eines Auslandssemesters kennengelernt. Björn war noch nie in Deutschland. Ich will ihm viele tolle Dinge zeigen. Ich habe einen Plan gemacht. Auf dem Plan steht, was wir machen werden und was ich ihm zeigen werde. Ich bin aufgeregt. Ich will, dass Björn Deutschland genauso gut gefällt, wie mir Schweden gefallen hat. Björn fliegt mit dem Flugzeug nach Frankfurt. Ich gehe ihn abholen. Ich muss zwei (2) Stunden vorher losfahren, weil Frankfurt weit weg ist. Ich komme am Flughafen an und parke mein Auto in einem Parkhaus. Vom Parkhaus laufe ich fünf (5) Minuten, dann bin ich am Flughafen. Ich bin in einer großen Halle. Hier gibt es viele Stühle. Es warten noch andere Leute auf Freunde und Familie. Ich setzte mich auf einen der Stühle und ich schaue auf meine Uhr. Björn landet in acht (8) Minuten. Sein Flug ist pünktlich. Ich lese noch ein wenig, dann ist Björn gelandet. Björn hat einen dicken Koffer und einen kleinen Rucksack. „Hallo Björn, wie geht es dir.", sage ich. „Mir geht es gut und dir? Hast du lange warten müssen?", will er wissen. „Nein überhaupt nicht", sage ich. „Wie war dein Flug?", frage ich. „Mein Flug war gut. Das Wetter war super und ich habe an einem Fenster gesessen.", sagt Björn. „Jetzt habe ich Deutschland schon mal von oben gesehen.", sagt er und er lacht. Ich lache auch. „Lass uns zu mir nach Hause fahren. Ich will dir meine Wohnung zeigen.", sage ich. Björn sieht müde aus. Ich will auf der Fahrt mit ihm reden, aber Björn schläft. Nach zwei (2) Stunden sind wir zuhause. Ich zeige Björn die Wohnung, dann zeige ich ihm meinen Plan. Björn ist froh, dass ich so viel geplant habe. Er will so viel wie möglich von Deutschland sehen.

Fragen

- Warum ist dein Freund besonders?
- Woher kommt Björn?
- Wie hast du Björn kennengelernt?
- Was steht auf deinem Plan?
- Was machen die andren Leute in der Halle?
- Warum war Björns Flug gut?

Wortschatz

Der Besuch – the visit / the visitor
besuchen – to visit
besonders – special
während – while
Das Auslandssemester – semester abroad
zeigen – to show
vorher – before
Das Parkhaus – the car park
Der Flughafen – the airport
ankommen – to arrive
Die Halle – the hall
warten – to wait

Der Flug – the flight
landen – to land
pünktlich – in time
ein wenig – a little bit
dick – thick
Der Rucksack – the backpack
überhaupt nicht – not at all
schon mal – already
Die Wohnung – the apartment
aussehen – to look (like)
so viel wie möglich – as much as possible

113. Der Freizeitpark

Ich und mein Freund fahren heute in den Europapark. Der Europapark ist ein Freizeitpark. In einem Freizeitpark macht man viele lustige Dinge. Ich bin schon sehr aufgeregt. Ich will unbedingt mit der Achterbahn fahren. Ich bin noch nie mit einer Achterbahn gefahren. Aber vorher müssen wir mit dem Auto fahren. Das macht natürlich weniger Spaß. Wir fahren fünf (5) Stunden bis zum Europapark. Mein Freund hat ein Hotelzimmer reserviert. Wir gehen zuerst ins Hotel und melden uns an. Es ist schon spät. Heute können wir nicht viel machen. Wir essen in einem Restaurant, dann gehen wir ins Bett. Morgen wollen wir früh aufstehen. Wenn man früh aufsteht, dann hat man am meisten Zeit. Ich wache um sechs (6) Uhr auf und ich bin sehr aufgeregt. Ich gehe duschen, dann wecke ich meinen Freund. Nach dem Frühstück gehen wir in den Park. Unser Hotel ist mitten im Park. Das ist praktisch. Wir gehen durch die Tür und wir stehen direkt im Park. Ich will natürlich zur Achterbahn, aber mein Freund will zuerst zur Geisterbahn. Wir spielen Schere-Stein-Papier. Ich gewinne, deshalb gehen wir zuerst zur Achterbahn. Die Achterbahn ist hoch und sie ist sehr schnell. Ich habe Angst, aber ich will trotzdem fahren. Wir stehen lange in einer Schlange, dann steigen wir in die Achterbahn. Die Fahrt ist kurz und sie macht viel Spaß. Danach gehen wir zur Geisterbahn. Die Geisterbahn ist sehr gruselig. Wir machen noch viele andere lustige Sachen. Am Abend sind wir sehr müde, aber wir hatten viel Spaß. Wir schlafen schnell ein. Morgen fahren wir wieder nach Hause. In der Zukunft will ich auch in andere Freizeitparks fahren.

Fragen

- Was kann man in einem Freizeitpark machen?
- Was macht ihr zuerst?
- Macht ihr heute viel?
- Warum geht ihr nach dem Essen schlafen?
- Was macht ihr nach dem Frühstück?
- Wohin willst du zuerst, wohin will dein Freund?
- Hast du keine Angst?
- Was macht ihr noch?
- Warum schlaft ihr schnell ein?

Wortschatz

Der Freizeitpark – the amusement park
lustig – funny
aufgeregt – excited
unbedingt – absolutely
Die Achterbahn – the roller coaster
vorher – before
natürlich – of course
wenig – little
zuerst – firstly
anmelden – to register
früh – early
wecken – to wake
praktisch – practical

direkt – directly
Schere-Stein-Papier – Rock Paper Scissors
gewinnen – to win
deshalb – therefore
hoch – high
Die Angst – the anxiety
Die Schlange – the snake (here: the queue)
einsteigen – to enter
kurz – short
Die Geisterbahn – a place where the visitors are getting scared
gruselig – scary
Die Sache – the thing

114. Ich schreibe einen Brief

Ich habe einen Brieffreund. Das ist altmodisch, aber das Briefeschreiben macht viel Spaß. Ein Brieffreund ist ein Freund, der weit weg wohnt. Wenn man mit einem Brieffreund reden will, dann muss man einen Brief schreiben. Jede Woche schicke ich meinem Brieffreund einen Brief und er schickt mir einen Brief. In dieser Woche ist viel passiert. Ich habe gute Dinge erlebt, aber auch schlechte Dinge. Ich will meinem Brieffreund erzählen, was in dieser Woche passiert ist. Ich sitze an meinem Schreibtisch und ich halte meinen Stift in der Hand. Wenn man über gute Dinge schreibt, dann ist das leicht. Das Schreiben über schlechte Dinge ist schwer. Ich weiß nicht, wie ich anfangen soll. Es ist so viel passiert. Ich fange mit dem Schreiben an. Ich schreibe zuerst über meine Prüfungen, dann schreibe ich über meine Krankheit. Ich war am Anfang der Woche krank. Das war nicht schön, aber es war schnell vorbei. Ich schreibe, dass ich jetzt mit der Universität fertig bin und nach einer Arbeit suche. Ich erzähle, dass ich viele Bewerbungen geschrieben habe. Bewerbungen schreiben macht keinen Spaß. Ich erzähle, dass ich mit meinen Freunden gegrillt habe. Am Wochenende war ich bei meinen Eltern. Ich erzähle auch davon. Manchmal ist das Schreiben schwer. Ich will so schreiben, dass mein Freund mich versteht. Wenn ich mit meinem Brief nicht zufrieden bin, dann schreibe ich den Brief noch einmal. Manchmal passiert das mehr als einmal. Ich schreibe eine Stunde, dann bin ich zufrieden. Ich packe den Brief in einen Umschlag und ich schreibe die Adresse auf den Umschlag. Morgen werde ich zur Post gehen. Es dauert vier (4) Tage, bis der Brief bei meinem Freund ist. Ich freue mich schon auf seine Antwort.

Fragen
- Was ist ein Brieffreund?
- Was muss man machen, wenn man mit einem Brieffreund reden will?
- Ist in dieser Woche nichts passiert?
- Wann ist das Schreiben leicht, wann ist das Schreiben schwer?
- Über was schreibst du?
- Was hast du mit deinen Freunden gemacht?
- Was machst du, wenn du mit deinem Brief nicht zufrieden bist?

Wortschatz

Der Brieffreund – the pen pal	**Die Prüfung** – the exam
altmodisch – old-fashioned	**Die Krankheit** – the sickness
weit – far	**krank sein** – to be sick
reden – to talk	**vorbei** – over
schicken – to send	**Die Bewerbung** – the application
passieren – to happen	**grillen** – to grill
erzählen – to tell	**verstehen** – to understand
halten – to hold	**zufrieden** – satisfied
schlecht – bad	**Der Umschlag** – the envelope
zuerst – firstly	

115. Im Sommer war es sehr heiß

In diesem Sommer war es in Deutschland sehr heiß. Ich mag es, wenn es warm ist, aber manchmal ist es zu warm. In diesem Sommer war es zu warm. Wenn man auf die Wiesen schaut, dann kann man sehen, dass es zu warm ist. Wenn es zu warm ist, dann ist die Wiese gelb und vertrocknet. Wenn es warm ist, dann kann man ins Schwimmbad gehen. Wenn es zu warm ist, dann bleibe ich zuhause. Im Haus ist es kühl. Das ist angenehm. In meinem Garten ist es so heiß, dass ich nicht gut atmen kann. Ich habe Ferien und ich will im Garten arbeiten, aber ich kann nicht. Es ist zu heiß. Am Abend wird es kühler und ich kann mit dem Arbeiten anfangen. Ich arbeite zwei Stunden, dann wird es dunkel. Ich habe Besuch. Ein paar Freunde sind gekommen. Es ist schon dunkel, aber wir haben immer noch kurze Kleidung an. Es ist immer noch sehr warm. Meine Freundin Jenny erzählt, dass es so heiß ist, dass ihr Nachbar ein Ei auf seinem Auto gebraten hat. Das ist sehr lustig. Wir lachen viel. Markus wohnt unter dem Dach. Unter dem Dach wird es immer sehr heiß. Er kann schlecht schlafen, weil es so heiß ist. Ich kenne dieses Problem. Wenn es heiß ist, dann schwitzt man viel. Die ganze Woche ist es heiß. Ich messe zweiundvierzig (42) Grad. Das ist wie in einer Sauna. Nach einer Woche wird es kühler. Ich bin froh. Wenn es zu heiß ist, dann ist das nicht gut.

Fragen

- Was magst du?
- Wie kann man sehen, dass es zu heiß ist?
- Was kann man machen, wenn es warm ist?
- Warum ist es im Haus angenehm?
- Was willst du machen?
- Warum arbeitest du am Abend im Garten?
- Wen triffst du im Garten?
- Was erzählt Jenny?
- Warum kann Markus nicht schlafen?
- Wann wird es kühler?

Wortschatz

heiß – hot
warm – warm
Die Wiese – the meadow
vertrocknet – dried up
Das Schwimmbad – the pool
kühl – cool
atmen – to breath
dunkel – dark
Der Besuch – the visitor

Die Kleidung – the clothes
Der Nachbar – the neighbor
Das Ei – the egg
braten – to fry
lustig – funny
Das Dach – the roof
schlecht – badly / bad
schwitzen – to sweat

116. Wir brauchen einen Krankenwagen

Auf meiner Arbeit ist ein Unfall passiert. Ein Mann hat sich sehr stark geschnitten. Er hat sich in den Finger geschnitten. Manchmal passieren Unfälle, aber meistens sind sie klein. Auf meiner Arbeit haben wir einen Arzt. Ich gehe mit dem Mann zu dem Arzt. Wenn man sich stark verletzt, dann darf man nicht alleine zum Arzt gehen. Manchmal kippt man auf dem Weg einfach um. Der Arzt wäscht die Wunde. Die Wunde sieht schlimm aus. Der Schnitt ist sehr tief. Man kann den Knochen sehen. Der Arzt kann den Schnitt nicht behandeln. „Das muss genäht werden. Sie müssen in das Krankenhaus fahren", sagt er. „Am besten rufen sie einen Krankenwagen." Wir rufen einen Krankenwagen. Der Krankenwagen kommt sehr schnell. Nach zehn (10) Minuten ist der Krankenwagen da. Der Mann steigt in den Krankenwagen und ich steige in mein Auto. Wir fahren zum Krankenhaus. Wenn der Mann fertig ist, dann fahre ich ihn nach Hause. Im Krankenhaus gibt es viele Notfälle, deshalb müssen wir warten. Es dauert lange und ich langweile mich. Der Mann bekommt Medizin. Er sagt, dass er keine Schmerzen mehr hat, weil er Medizin genommen hat. Das ist gut. Wir sind an der Reihe. Im Krankenhaus riecht es komisch. Ich mag den Geruch nicht. Ich warte vor dem Zimmer. Das Nähen ist sehr schnell. Nach zwanzig (20) Minuten ist der Mann fertig. Es geht ihm besser, aber er darf nicht mehr arbeiten. Ich fahre den Mann nach Hause, dann fahre ich wieder auf die Arbeit. Ich hoffe, dass ich mich nicht schneide.

Fragen

- Was ist passiert?
- Was hat der Mann gemacht?
- Warum darf man manchmal nicht alleine zum Arzt?
- Warum sieht die Wunde schlimm aus?
- Warum muss der Mann ins Krankenhaus?
- Was machst du, wenn der Mann fertig ist.
- Ist der Mann schnell fertig?
- Was machst du, als der Mann fertig ist?

Wortschatz

Der Unfall – the accident	rufen – to call
schneiden – to cut	Der Krankenwagen – the ambulance
meistens – often	schnell – fast / quick
Der Arzt – the doctor	einsteigen – to board / to get on
verletzten – to injure	Der Notfall – the emergency
umkippen – to fall over	sich langweilen – to be bored
Die Wunde – the wound	Die Schmerzen – the pain
schlimm – severe	an der Reihe sein – to be next
Der Schnitt – the cut	riechen – to smell
tief – deep	komisch – strange
behandeln – to treat	hoffen – to hope
nähen – to sew	

117. Das Duschproblem

Ich habe ein Problem. Ein sehr großes Problem. Ein Duschproblem. Warum heißt das Duschproblem? Es heißt Duschproblem, weil ich ein Problem mit meiner Dusche habe. Meine Dusche ist kaputt und ich kann nicht duschen. Das ist sehr schlecht. Ich muss duschen. Ich überlege, wo ich duschen kann. Ich rufe zuerst den Klempner an. Der Klempner kann erst in drei (3) Tagen kommen. Was soll ich jetzt tun. Morgen muss ich arbeiten. Bevor ich zur Arbeit fahre muss ich duschen. Ich rufe einen Freund an. „Kann ich deine Dusche benutzen? Meine Dusche ist kaputt", sage ich. „Das geht nicht", sagt mein Freund. „Ich bin im Urlaub und ich bin in Amerika." Das ist schlecht. Sehr schlecht. Ich kann morgen nicht zuhause bleiben. Meine Kollegen brauchen meine Hilfe. Ich gehe in den Garten. Zum Glück ist es Sommer. Ich überlege, ob ich in meinem Garten duschen kann. Ich gehe in den Keller. Ich habe einen großen Schlauch in meinem Keller. Ich hole den Schlauch aus dem Keller. Ich versuche mit dem Schlauch zu duschen. Das funktioniert nicht gut. Ich rufe meine Eltern an. „Ich muss bei euch duschen. Geht das?", frage ich. „Ja das ist kein Problem. Was ist den passiert? fragen sie. „Meine Dusche ist kaputt und sie wird erst in drei (3) Tagen repariert", sage ich. Meine Eltern geben mir einen Schlüssel. Ich kann am Morgen zu ihnen fahren. Am nächsten Morgen fahre ich zu meinen Eltern. Ich dusche und dann fahre ich zur Arbeit. Ich bin froh, dass das so gut klappt.

Fragen
- Was ist ein Duschproblem?
- Was ist mit der Dusche passiert?
- Was machst du zuerst?
- Warum ist es schlecht, wenn man ein Duschproblem hat
- Was fragst du deinen Freund?
- Was machst du als nächstes?
- Wo kannst du duschen?

Wortschatz

Das Duschproblem – a problem with the shower (neologism)
kaputt – broken
schlecht – bad
überlegen – to ponder / to think
zuerst – firstly
Der Klempner – the plumber
bevor – before

benutzen – to use
bleiben – to stay
Zum Glück – luckily
Der Keller – the cellar
Der Schlauch – the hose
holen – to get
versuchen – to try
funktionieren – to function / to work

118. Ich packe meinen Koffer.

Wenn man in Urlaub fährt, dann muss man seinen Koffer packen. Ich mag das nicht. Ich kann mich nicht entscheiden. Was soll ich mitnehmen? Was soll ich zuhause lassen? Wenn ich meinen Koffer packe, dann dauert das sehr lange. Mein Mann ist wütend, weil ich so viele Sachen einpacke. „Du nimmst zu viel mit. Wenn dein Koffer zu schwer ist, dann müssen wir mehr Geld bezahlen", sagt er. Ich weiß das, aber ich will viele Kleider mitnehmen. Ich packe alles wieder aus. Mein Mann zeigt mir, welche Kleider ich zuhause lassen soll. Er gibt mir einen kleinen Koffer und er stellt den großen Koffer in das Regal. „Der Koffer ist zu klein", sage ich. Ich bin verzweifelt. Wir fahren zwei Wochen lang in Urlaub. Man braucht viele Kleider in zwei Wochen. Mein Mann sagt, dass das nicht richtig ist. Er braucht nur eine Hose und einen Pullover. Ich kann das nicht glauben. Eine Hose ist sehr wenig. Wenn die Hose dreckig wird, dann braucht er eine andere Hose. „Ich passe gut auf.", sagt er. Er zeigt mir seinen Koffer. Sein Koffer ist kleiner als mein Koffer. Ich weiß nicht, was ich zuhause lassen soll. Mein Mann und ich diskutieren viel. Am Ende nehme ich den großen Koffer. Der große Koffer kostet fünfzig (50) Euro mehr, aber das macht nichts. Jetzt habe ich alles, was ich brauche. Ich freue mich auf den Urlaub.

Fragen
- Was muss man machen, wenn man in den Urlaub fährt?
- Warum magst du das Packen nicht?
- Warum ist dein Mann wütend?
- Was zeigt dir dein Mann?
- Warum bist du verzweifelt?
- Was braucht dein Mann?
- Welchen Koffer nimmst du?

Wortschatz

Der Urlaub – the vacation	**verzweifelt** – to be desperate
Der Koffer – the suitcase	**Die Kleider** – the clothes
packen – to pack	**brauchen** – to need
lassen – to let	**Die Hose** – the trousers
dauern – to take /to last	**wenig** – little
schwer – heavy	**dreckig** – dirty
zeigen – to show	**aufpassen** – to pay attention
stellen – to put / to set / to position	**diskutieren** – to discuss
Das Regal – the shelf	

119. Der Flug

Ich fliege heute nach Hause. Ich war im Urlaub in Spanien. Ich fliege nicht gerne. Ich habe keine Angst, aber ich fühle mich nicht gut. Im Flugzeug ist es immer laut. Die Turbinen machen viel Lärm. Manchmal höre ich komische Geräusche. Das macht mich unsicher. Ich bin immer glücklich, wenn ich sicher lande. Ich will schlafen, aber es ist laut. Ein Kind schreit. Es mag das Fliegen nicht. Ich kann das Kind verstehen. Zum Glück habe ich viel Platz. Es sind nicht viele Leute in dem Flugzeug. Ich kann die zwei (2) Sitze neben mir benutzen. Ich warte auf das Essen. Ich habe Hunger und ich will etwas trinken. Nach dem Essen will ich wieder schlafen. Das Essen in einem Flugzeug ist nicht gut, aber ich habe Hunger. Wenn man großen Hunger hat, dann isst man das Essen im Flugzeug. Das Essen wird serviert. Ich bedanke mich und fange mit dem Essen an. Danach lege ich mich auf die Sitze. Manchmal bekommt man im Flugzeug eine Decke. Ich habe eine Decke und ein Kissen mitgebracht. Ich kann jetzt gut schlafen. Das Essen hat mich müde gemacht. Ich schlafe zwei Stunden, dann landen wir in Frankfurt. Ich steige aus dem Flugzeug und gehe zum Zug. Das Reisen ist anstrengend. Ich muss noch drei (3) Stunden mit dem Zug fahren. Ich bin müde und ich will nach Hause. Im Zug ist es ruhig. Ich lese ein Buch und versuche nicht einzuschlafen. Wenn man einschläft, dann kann man sein Ziel verpassen. Ich bin endlich zu hause. Müde lege ich mich in mein Bett. Das Reisen ist schön, aber es ist auch anstrengend.

Fragen

- Warum fliegst du heute nach Hause? Wo warst du?
- Warum ist es im Flugzeug laut?
- Sind viele Leute im Flugzeug?
- Warum wartest du auf das Essen?
- Ist das Essen gut?
- Was hast du dabei?
- Wohin gehst du nach dem Aussteigen?
- Warum schläfst du nicht im Zug?

Wortschatz

fliegen – to fly
Der Urlaub – the vacation
Die Angst – the anxiety
Angst haben – to be anxious
fühlen – to feel
Lärm – noise
komisch – strange
Das Geräusch – the sound / the noise
unsicher – unsecure
sicher – safely / securely
schreien – to cry
verstehen – to understand (emotions)

Zum Glück – luckily
Der Platz – the space / the place
Der Sitz – the seat
warten – to wait
servieren – to serve
danach – afterwards
Die Decke – the blanket
Das Kissen – the pillow
mitbringen – to bring with you
müde – tired
anstrengend – exhausting
verpassen – to miss

120. Ich kaufe eine Zugfahrkarte

Ich brauche eine Zugfahrkarte. Ich fange nächsten Monat mit einer neuen Arbeit an. Ich will mit dem Zug zur Arbeit fahren, deshalb will ich eine Monatskarte kaufen. Ich wollte eine Monatskarte im Internet kaufen. Das hat nicht geklappt. Eine Monatskarte kann man nur am Bahnhof kaufen. Ich gehe zum Schalter. Ein junger Mann sitzt hinter dem Tisch und er begrüßt mich. „Hallo, was kann ich für sie tun?", fragt er. „Ich brauche eine Monatskarte", sage ich. Der Mann schreibt etwas am Computer. Er sagt: „Wo müssen sie hin? Wir haben verschiedene Tarife." Meine neue Arbeit ist in Ingolstadt. „Ich muss nach Ingolstadt", sage ich. „Von hier aus?", fragt der Mann. Ich sage Ja. Der Mann schreibt wieder an seinem Computer. „Sind sie Student? Arbeiten sie jeden Tag?", will der Mann wissen. „Vielleicht gibt es eine billigere Karte", sagt er. Ich sage, dass ich Student bin und dass ich jeden Tag arbeite. „Dann ist die Monatskarte das billigste", sagt der Mann. „Sie können auch auf anderen Linien fahren." Er gibt mir einen Plan. Auf dem Plan sieht man das Gebiet, in dem ich fahren kann. „Passen sie auf, wenn sie nicht zur Arbeit fahren. Wenn sie das Gebiet verlassen, dann wird das teuer", sagt er. Ich nicke. „Was kostet die Monatskarte?", will ich wissen. „Die Monatskarte kostet neunundsechzig (69) Euro und neunundneunzig (99) Cent." Ich gebe dem Mann das Geld und er gibt mir die Monatskarte. Ich bin zufrieden. Jetzt kann ich jeden Morgen zur Arbeit fahren. Der Zug ist billiger als das Auto.

Fragen
- Warum brauchst du eine Zugfahrkarte?
- Warum kannst du die Karte nicht im Internet kaufen?
- Was will der Mann wissen und warum will er das wissen?
- Welche Karte ist die billigste Karte?
- Wann wird es teuer?
- Was kostet die Monatskarte?

Wortschatz

Die Zugfahrkarte – the train ticket	**billig** – cheap
nächsten – next	**Die Linie** – the line
nur – only	**Das Gebiet** – the area
Der Schalter – the counter	**verlassen** – to leave
Der Tisch – the table	**teuer** – expensive
Der Tarif – the tariff	**nicken** – to nod
vielleicht – maybe	**zufrieden** – satisfied

121. Auf der Arbeit

Heute hat der Dezember angefangen. Auf der Arbeit habe ich viel zu tun. Das ist im Dezember immer so. Wir verkaufen Spielsachen. Im Dezember kaufen die Leute Spielsachen für Weihnachten. Wisst ihr noch was Weihnachten ist? Ich habe schon einmal davon geschrieben. Weihnachten ist der Geburtstag von Jesus. An Weihnachten schenkt man anderen Leuten Geschenke, deshalb haben wir viel Arbeit. Ich will Urlaub machen, aber ich kann nicht. Jeder ist gestresst und wir arbeiten sehr viel. Wenn ich anfange, dann lese ich neue Aufträge. Wir haben jeden Tag viele Aufträge. Wenn ich die Aufträge gelesen habe, dann tippe ich die Aufträge in den Computer, danach schicke ich die Aufträge an die Logistik. Dort werden die Aufträge verschickt. Danach mache ich eine Pause und ich frühstücke. Nach dem Frühstück lese ich die Beschwerden. Wenn ein Kunde nicht mit den Spielsachen glücklich ist, dann schickt er eine Beschwerde. Ich lese die Beschwerden und ich schaue, was das Problem ist. Danach versuche ich das Problem zu lösen. Das ist wichtig. Nur glückliche Kunden kaufen wieder bei uns. Wenn ich mit den Beschwerden fertig bin, dann mache ich Mittagspause. Ich esse mit meinen Kollegen. Nach einer Stunde arbeite ich weiter. Nach der Mittagspause gibt es neue Aufträge. Ich mach das Gleiche wie am Morgen. Um siebzehn (17) Uhr habe ich Feierabend. Ich fahre nach Hause und ich esse mit meiner Familie. Dann gehe ich in mein Bett. Meine Arbeit ist hart, aber ich liebe meine Arbeit. Wenn der Dezember vorbei ist, dann wird es wieder ruhiger.

Fragen

- 1Warum habt ihr auf der Arbeit viel zu tun?
- Welcher Monat ist heute?
- Was macht man an Weihnachten?
- Was machst du am Morgen?
- Was machst du nach der Pause?
- Warum ist es wichtig die Probleme zu lösen?
- Was machst du nach der Mittagspause?
- Was passiert, wenn der Dezember vorbei ist?

Wortschatz

verkaufen – to sell
Die Spielsache – the toy
wissen – to know
Weihnachten – Christmas
Der Geburtstag – the birthday
schenken – to gift
Das Geschenk – the gift
gestresst sein – to be stressed out
Der Auftrag – the order
tippen – to type

schicken – to send
Die Beschwerde – the complaint
schauen – to look
versuchen – to try
lösen – to solve
wichtig – important
Das Gleiche – the same
vorbei – over
ruhig – quiet

122. In der Zukunft will ich...

In der Zukunft will ich reich sein. Ich will so viel Geld haben, dass ich nie wieder arbeiten muss. Ich will um die ganze Welt reisen. Ich will weiße Strände mit blauem Wasser sehen. Ich will unter Palmen liegen und ein Bier trinken. Ich will neue Leute treffen und viele neue Freunde haben. Ich will auch Kinder haben und ich will eine große Familie haben. Mit meiner Familie will ich in einem großen Haus in einem kleinen, ruhigen, Dorf wohnen. Ich muss nicht in Deutschland wohnen. Ich kann auch an einem anderen Ort wohnen. Ich will Zeit für meine Hobbys haben. Ich will viel Sport machen und auf Berge klettern. Ich habe viel für meine Zukunft geplant. Natürlich sind das Träume. Das weiß ich selbst. Aber meine Freundin sagt immer: „Man muss Träume haben. Ohne Träume und Ziele ist das Leben langweilig." Ich finde, dass sie recht hat. Träume sind wichtig. Einen Traum zu verwirklichen ist ein besonderes Gefühl. Manchmal habe ich Angst, dass ich nicht alles schaffe. Ich will so viele Dinge machen, aber ich habe so wenig Zeit. Meine Eltern sagen, dass das normal ist. Ich soll mich auf ein paar Träume konzentrieren. Manchmal sitze ich in meinem Garten. Es ist ruhig hier. Wenn ich dort sitze, dann Träume ich oft von der Zukunft. Ich will viele Katzen haben. Große Katzen. Ich liebe große Katzen, aber eine große Katze ist sehr teuer. Ich habe eine Liste. Auf dieser Liste stehen meine Träume. Die Liste ist sehr lang, aber das macht nichts. Ich bin mir sicher, dass ich alle meine Träume erfüllen kann. Meine Freundin sagt, dass ich ein Träumer bin. Das stimmt. Ich liebe es, über die Zukunft zu träumen.

Fragen

- Was willst du in der Zukunft machen?
- Wo willst du in der Zukunft wohnen?
- Musst du in Deutschland wohnen?
- Warum muss man Träume haben?
- Warum hast du manchmal Angst?
- Was machst du oft im Garten?
- Was steht auf deiner Liste?

Wortschatz

reich – rich	**Das Ziel** – the goal
nie wieder – never again	**langweilig** – boring
Der Strand – the beach	**wichtig** – important
Das Wasser – the water	**verwirklichen** – to achieve
treffen – to meet	**besonders** – special
ruhig – quiet	**Das Gefühl** – the feeling
Das Dorf – the village	**konzentrieren** – to concentrate
Der Ort – the place	**Die Katze** – the cat
Der Berg – the mountain	**teuer** – expensive
klettern – to climb	**Die Liste** – the list
planen – to plan	**sich sicher sein** – to be sure
Der Traum – the dream	**erfüllen** – to achieve

123. Ich und meine Freunde kochen

Heute koche ich mit meinen Freunden. Meine Freunde und ich wohnen in einer WG. Erinnert ihr euch? Ich habe euch meine WG schon gezeigt. In meiner WG wohnen zwei (2) Mädchen und zwei (2) Jungen. Zweimal pro Woche kochen wir zusammen. Das macht viel Spaß. Wir haben zwei wichtige Regeln. Die erste Regel ist: Wir kochen immer etwas anderes. Die Zweite Regel ist: Wir haben immer Spaß. Zuerst haben wir zusammen eingekauft. Wir haben ein Rezept im Internet gesucht. Dort steht, was wir kaufen müssen. Wir haben eine Einkaufsliste geschrieben, dann sind wir zum Supermarkt gelaufen. Wir haben auch Bier gekauft. Nach dem Kochen werden wir uns in das Wohnzimmer setzten. Dort essen wir und wir werden einen Film schauen. Das Einkaufen geht schnell. Zuhause fangen wir mit dem Kochen an. Jeder hat eine Aufgabe. Während dem Kochen reden wir viel. Ich muss Kartoffeln schälen. Dann wasche ich die Kartoffeln und schneide sie klein. Danach mache ich Salat. Ich esse gerne Salat. Meine Freunde kochen eine Bolognese Soße. Wisst ihr, was wir kochen? Richtig, wir kochen einen Kartoffelauflauf. Ich habe schon oft Kartoffelauflauf gegessen, aber ich habe noch nie Kartoffelauflauf gekocht. Das Kochen geht schnell. Wenn man mit vielen Leuten kocht, dann braucht man nur wenig Zeit. Der fertige Auflauf kommt in den Backofen. Dort muss er bei 200 Grad backen. Wir gehen ins Wohnzimmer. Wir setzen uns und trinken ein Bier. Nach zwanzig (20) Minuten ist der Auflauf fertig. Ich habe Hunger und ich freue mich auf den Auflauf. Wir starten den Film und wir fangen mit dem Essen an. Der Auflauf schmeckt köstlich. Wir sind wirklich gute Köche.

Fragen

- Was machst du heute?
- Wo wohnst du?
- Wer wohnt in der WG?
- Welche Regeln habt ihr?
- Seid ihr mit dem Auto zum Supermarkt gefahren?
- Was machst du zuerst? Was machst du danach?
- Hast du schon oft Kartoffelauflauf gekocht?

Wortschatz

erinnern – to remember
zeigen – to show
pro Woche – per week
zusammen – together
wichtig – important
Die Regel – the rule
etwas anderes – something different
Das Rezept – the recipe

Das Wohnzimmer – the living room
schälen – to peel
schneiden – to cut
danach – afterwards
köstlich – delicious
wirklich – truly
Der Koch – the chef

124. Ich habe mich angesteckt

Mein Bruder war krank. Er hatte eine leichte Grippe. Er hat eine (1) Woche in seinem Bett gelegen und er hat viel gehustet. Ich habe ihm oft Tee und Medizin gebracht. Dabei habe ich mich angesteckt. Jetzt bin ich auch krank. Meine Mutter sagt, dass das ganz normal ist. Normalerweise werde ich nur selten krank. Ich bin sehr krank diesmal. Ich liege den ganzen Tag im Bett und huste. Meine Augen tränen und mein Mund ist trocken. Der Husten tut weh. Ich kann nicht in die Schule gehen. Meine Mutter sagt, wenn ich in die Schule gehe, dann stecke ich die anderen Schüler an. Das will ich nicht. Ich will so schnell wie möglich wieder gesund werden. Ich trinke jeden Tag viel Tee und ich nehme regelmäßig meine Medizin. Ich schlafe fast den ganzen Tag. Der Arzt sagt, dass es mir bald besser geht. Er hat recht. Nach einer (1) Woche fühle ich mich besser. Ich kann immer noch nicht in die Schule, aber mein Husten ist weg. Ich schlafe nicht mehr viel. Ich schaue viel fern und ich höre Musik. Am Abend lese ich oft Bücher. Ich vermisse meine Freunde in der Schule. Der Arzt sage, dass ich erst nächste Woche wieder in die Schule kann. Die zweite (2.) Woche ist schlimm. Es geht mir besser, aber ich langweile mich. Das ist auch nicht schön. Ich will spielen, aber ich kann nicht. Meine Mutter sagt, ich muss im Bett bleiben. Wenn ich wieder gesund bin, dann darf ich wieder spielen. Nach zwei Wochen bin ich endlich gesund. Ich gehe wieder in die Schule und ich treffe wieder meine Freunde. Ich bin glücklich. Ich will nie wieder krank sein.

Fragen

- Wo hast du dich angesteckt?
- Wie lange ist dein Bruder krank? Wie lange bist du krank?
- Warum hast du dich angesteckt?
- Warum liegst du im Bett? Was machst du?
- Warum kannst du nicht in die Schule?
- Wann fühlst du dich besser?
- Warum ist die zweite Woche schlimm?
- Was sagt deine Mutter?
- Was machst du, als du wieder gesund bist?

Wortschatz

krank – sick
leicht – light
Die Grippe – the flue
husten – to cough
bringen – to bring
anstecken – to infect yourself
normalerweise – normaly
tränen – to tear / to water
weh tun – to hurt
gesund sein – to be healthy
regelmäßig – regularly

fernsehen – to watch television
vermissen – to miss
Der Arzt – the doctor
bald – soon
fühlen – to feel
immer noch – still
wieder – again
schlimm – bad
sich langweilen – to be bored
gesund – healthy
endlich – finally

125. Leitungswasser

In Deutschland kann man das Leitungswasser trinken. Ihr wisst nicht was Leitungswasser ist? Kein Problem! Das kann man schnell erklären. In jeder Küche und in jedem Badezimmer gibt es einen Wasserhahn. Aus dem Wasserhahn kommt das Leitungswasser. Ich komme aus Russland. Bei uns kann man das Leitungswasser nicht trinken. Man kann sich mit dem Leitungswasser waschen, aber es ist kein Trinkwasser. Wir haben in unserer Küche zwei Wasserhähne. Einen (1) benutzen wir zum Spülen und einen (1) benutzen wir zum Trinken. In Deutschland braucht man das nicht. Dort kann man das Leitungswasser ganz normal trinken. Ich finde das super. Ich bin das erste Mal in Deutschland. Zuerst war ich verwirrt. Ich habe in der Küche gestanden und ich habe den zweiten (2.) Wasserhahn gesucht. Ich habe nicht gewusst, dass man das Leitungswasser trinken kann. Mein Freund hat mir erklärt, dass das sicher ist. Danach habe ich es verstanden. Das Leitungswasser in Deutschland schmeckt sehr gut. Wenn man Leitungswasser trinken kann, dann spart man viel Geld. Wenn ich in Russland bin, dann muss ich Wasser kaufen. Ich finde, dass es wichtig ist, dass man sauberes Wasser hat. Menschen können ohne sauberes Wasser nicht leben. In Afrika sterben viele Menschen, weil sie kein sauberes Wasser haben. Ich finde das schlimm. Das ist ein großes Problem. In Deutschland kann man auch Wasser kaufen. Manchmal will ich Wasser mit Blasen trinken. In Deutschland heißt das Sprudel. Wenn ich Sprudel trinken will, dann fahre ich in den Supermarkt. Dort kann man Sprudel und normales Wasser kaufen. Das ist nicht teuer, aber man muss viel tragen.

Fragen

- Was ist Leitungswasser?
- Kann man in Russland das Leitungswasser trinken?
- Wofür benutzt man in Russland die Wasserhähne in der Küche?
- Warum bist du verwirrt?
- Was passiert, wenn man das Leitungswasser trinken kann?
- Was findest du schlimm?
- Wie nennt man Wasser mit Blasen?

Wortschatz

Das Leitungswasser – tap water
erklären – to explain
Der Wasserhahn – the faucet
verwirrt – confused
suchen – to search
sicher – safe / secure
verstehen – to understand
schmecken – to taste

sparen – to save
wichtig – important
sauber – clean
leben – to live
sterben – to die
schlimm – bad
Die Blase – the bubble
tragen – to carry

126. An der Universität

Ich will euch heute meine Universität zeigen. Ich will euch zeigen, wie ein ganz normaler Tag an der Universität aussieht. Habt ihr Lust? Am Morgen fahre ich mit dem Bus an die Universität. Das geht schnell. Es dauert zwanzig (20) Minuten. Meine erste (1) Vorlesung beginnt um acht (8) Uhr. Die Vorlesung dauert drei (3) Stunden. Nach der Hälfte machen wir zehn (10) Minuten Pause. Die Vorlesung endet um elf (11) Uhr. Danach gehe ich in die Mensa. In der Mensa gibt es um zwölf (12) Uhr Essen. Ich muss eine Stunde warten. Ich lerne eine Stunde, dann esse ich. Um eins (1) bin ich mit dem Essen fertig. Danach habe ich eine kurze Vorlesung. Die kurze Vorlesung dauert eine (1) Stunde. Nach dem Essen bin ich immer müde. Das Zuhören ist dann schwer. Um halb drei (14:30) ist die Vorlesung fertig. Danach habe ich wieder Pause. Ich treffe mich mit meinen Freunden und wir reden über die Vorlesungen. Am Ende des Semesters lernen wir in der Pause. Nach der Pause habe ich meine letzte Vorlesung. Die letzte Vorlesung beginnt um sechzehn (16) Uhr. Ich bin sehr müde, aber ich versuche trotzdem zuzuhören. Das ist schwer. Manchmal schlafe ich ein. Wenn ich einschlafe, dann muss ich meine Freunde nach ihren Notizen fragen. Ich bin jeden Tag sehr lange an der Universität. Das macht nichts. Ich mag mein Fach und ich studiere gerne. Ich finde das Studieren besser als die Schule. Wenn ich nicht in die Vorlesung gehen will, dann kann ich daheimbleiben. Das geht in der Schule nicht. In Deutschland gibt es die Schulpflicht. Das bedeutet, dass jeder in die Schule muss. Man kann nicht einfach zuhause bleiben. Nach der letzten Vorlesung fahre ich mit dem Bus nach Hause. Ich bin um sieben (7) Uhr zuhause. Ich bin jeden Abend sehr müde.

Fragen

- Was willst du heute zeigen?
- Wie kommst du zur Universität?
- Wie viele Vorlesungen hast du?
- Wie lange musst du warten, bevor du essen kannst?
- Was machst du nach dem Essen?
  Bist du nur kurz an der Uni?
- Gehst du lieber in die Schule?

Wortschatz

zeigen – to show
aussehen – to look like
Lust haben – to feel like / to be keen on / to want
Die Vorlesung – the lecture
Die Hälfte – the half
enden – to finish
warten – to wait
dauern – to take / to last
müde – tired
Das Zuhören – the listening
lernen – to study / to learn

letzte – last
versuchen – to try
trotzdem – nevertheless
einschlafen – to fall asleep
Die Notizen – the notes
lang – long
Das Fach – the subject
daheim – at home
bleiben – to stay
Schulpflicht – compulsory education

127. Sommer in Deutschland

Ich habe einen Sommer in Deutschland verbracht. Auf einem Austausch habe ich Max kennengelernt. Max wohnt in Deutschland. Er hat mich nach Deutschland eingeladen. Im Juni bin ich nach Deutschland geflogen. Max hat mich am Flughafen abgeholt und ist mit mir in sein Dorf gefahren. Ich hatte ein kleines Zimmer in Max Haus. Max und ich haben viele Dinge gemacht. Wir sind viel gereist. Max hat mir Deutschland gezeigt. Zuerst waren wir in Berlin. Max hat gesagt: „Wenn man in Deutschland ist, dann muss man auch nach Berlin fahren." Ich denke, dass das richtig ist. Berlin hat mir gut gefallen. Es gibt dort viel zu sehen. Wir haben viele interessante Museen gesehen. Die Zugfahrt nach Berlin hat lange gedauert und sie war sehr anstrengend. Nach der Reise nach Berlin sind Max und ich wandern gegangen. Max wohnt im Gebirge. Wir sind auf viele hohe Berge gewandert. Von dort oben sieht man sehr weit. Die Landschaft war dort sehr schön. Ich wohne in einer großen Stadt, deshalb hat mir die Natur sehr gefallen. Es war unglaublich schön. Max und ich sind viel mit dem Fahrrad gefahren. Max sagt, dass man mit dem Fahrrad viele tolle Orte erreichen kann. Das stimmt, aber es war sehr anstrengend. Ich denke, dass ich mir zuhause ein Fahrrad kaufen werde. Im August bin ich wieder nach Hause geflogen. Ich vermisse Deutschland und ich will im nächsten Sommer Max wieder besuchen.

Fragen

- Wo warst du im Sommer?
- Warum warst du in Deutschland?
- Wie hast du Max kennengelernt?
- Was muss man machen, wenn man in Deutschland ist?
- Warum hat dir Berlin gut gefallen?
- Was habt ihr nach der Reise nach Berlin gemacht?
- Warum hat dir die Natur gefallen?
- Was sagt Max über das Fahrrad?
- Was willst du zuhause machen?

Wortschatz

verbringen – to spend (time)
einladen – to invite
fliegen – to fly
abholen – to pick up
Das Dorf – the village
zeigen – to show
zuerst – firstly
gefallen – to like / to appeal
dauern – to take / to last
anstrengend – exhausting / tiring
wandern – to hike

Das Gebirge – the mountain range
oben – at the top
weit – far
Die Landschaft – the landscape
Die Natur – the nature
Das Fahrrad – the bicycle
toll – great
erreichen – to reach
vermissen – to miss
nächsten – next
besuchen – to visit

128. Ich vermisse meine Kindheit

Als ich ein Kind war, war alles einfacher. Ich und meine Geschwister hatten immer viel Spaß. Jeden Tag haben wir im Garten gespielt. Wir hatten nur wenige Sorgen. Wir haben das Leben genossen. Natürlich genieße ich das Leben jetzt auch, aber anders. Ich habe viel Verantwortung und ich habe eine Familie. Manchmal mache ich mir Sorgen. Das ist ganz normal. Jeder macht sich mal Sorgen. Jeder, auch Kinder. Kinder haben keine Verantwortung. Sie können spielen und müssen nicht arbeiten. Kinder müssen keine Familie führen. Ich vermisse dieses Gefühl. Manchmal will ich wieder ein Kind sein. Aber nicht für immer. Erwachsen sein hat auch Vorteile. Wenn ich eine stressige Woche habe, dann denke ich oft an meine Kindheit. Als Kind habe ich keinen Stress gekannt. Das war sehr schön. Kinder sind frei. Natürlich bin ich auch frei, aber anders. Ich habe viel von meiner Vorstellungskraft verloren. Als Kind habe ich mir viele verschiedene Dinge vorgestellt. Das war wichtig, wenn ich alleine gespielt habe. Jetzt kann ich das nicht mehr so einfach. In meinem Dorf gibt es viele Dinge, die mich an meine Kindheit erinnern. Wenn meine Kinder spielen, dann bin ich manchmal ein wenig neidisch. Ich genieße es, mit meinen Kindern zu spielen. Das ist nicht das Gleiche, wie ein Kind zu sein. Trotzdem fühlt es sich manchmal so an. Ich mag dieses Gefühl sehr. Trotzdem bin ich lieber erwachsen.

Fragen

- Was haben du und deine Geschwister gemacht?
- Warum war alles einfacher?
- Warum ist es normal, sich sorgen zu machen?
- Warum haben Kinder keine Verantwortung?
- Wann denkst du oft an deine Kindheit?
- Wann war Vorstellungskraft wichtig?
- Was gibt es in deinem Dorf?
- Wie fühlt es sich an, mit deinen Kindern zu spielen?

Wortschatz

alles – everything
Die Geschwister – the siblings
Die Sorge – the concern
genießen – to enjoy
anders – different
Die Verantwortung – the responsibility
Manchmal – sometimes
führen – to lead
vermissen – to miss
Das Gefühl – the feeling
Der Vorteil – the advantage

stressig – stressful
kennen – to know
Die Vorstellungskraft – the imagination
verlieren – to lose
verschieden – different
vorstellen – to imagine
Das Dorf – the village
erinnern – to remember (here: to remind)
neidisch – envious
trotzdem – nevertheless
erwachsen sein – to be grown up

129. Heute bin ich kreativ

Ich habe schon viele Hobbys gehabt. Meistens habe ich Sport gemacht. Heute will ich kreativ sein. So etwas mache ich nur selten. Kreativität, das heißt etwas selber zu erschaffen. Ich will malen. Ich habe mir viele Farben und viele Papiere gekauft. Ich will mit Wasserfarben anfangen. Ich weiß nicht ob ich malen kann, aber ich will es trotzdem probieren. Viele meiner Freunde haben gesagt, dass malen sehr viel Spaß macht. Ich fülle einen Becher mit Wasser. Das Wasser brauche ich zum Malen. Ich fange mit einfachen Dingen an. Eine Sonne, einen Berg oder ein Haus. Das funktioniert sehr gut. Ich fühle mich sicher. Jetzt will ich auch schwere Dinge probieren. Ich versuche ein Auge zu malen. Das funktioniert nicht so gut. Ich merke, dass ich nicht weiß wie ein Auge aussieht. Ich schaue ein Video. In dem Video zeigt ein Künstler, wie man ein Auge malt. Nach dem Video probiere ich wieder ein Auge zu malen. Es funktioniert jetzt besser, aber ich bin nicht zufrieden. Ich übe und übe und übe, aber es wird nicht besser. Ich bin frustriert. Meine Freundin kommt mich besuchen. Sie schaut sich meine Bilder an. Sie sagt, dass meine Bilder gut sind. Es ist normal, dass man nicht direkt ein Profi ist. Sie sagt, dass man viel üben muss. Sie sagt, dass sie jeden Tag übt. Sie malt schon seit drei (3) Jahren. Ihre Bilder gefallen mir sehr gut. Ich will auch so gut malen können, aber ich muss mehr üben. Für heute bin ich mit dem Malen fertig. Ich will in Zukunft mehr üben. Das Malen hat sehr viel Spaß gemacht. Ich will in Zukunft mehr kreative Hobbys ausprobieren.

Fragen
- Welche Hobbys hast du meistens gemacht?
- Was heißt Kreativität?
- Womit willst du anfangen?
- Womit fängst du an?
- Was klappt nicht gut?
- Was hilft dir?
- Warum bist du frustriert?
- Was sagt deine Freundin?

Wortschatz

meistens – mostly
selten – rarely
selber – by yourself
erschaffen – to create
malen – to paint
Die Farbe – the color
Die Wasserfarbe – the water color
füllen – to fill
funktionieren – to funciton / to work
fühlen – to feel
sicher – safe / secure
probieren – to try

aussehen – to look like
Der Künstler – the artist
zufrieden – satisfied
üben – to practice
frustriert sein – to be frustrated
besuchen – to visit
Das Bild – the painting
direkt – instantly / directly
Der Profi – the professional
Die Zukunft – the future
ausprobieren – to try

130. Auf dem Markt

Es ist Freitag und meine Oma will, dass ich auf den Markt gehe. „Kannst du bitte für mich auf den Markt gehen und Gemüse Kaufen?", hat sie gesagt. Das mache ich gerne. Meine Oma ist sehr alt. Sie ist neunzig (90) Jahre alt. Sie kann nicht lange laufen, deshalb muss ich auf den Markt laufen. „Ich schreibe dir eine Einkaufsliste", sagt sie. Ich nicke. Eine Einkaufsliste ist gut, weil ich schnell vergesse, was ich kaufen soll. Ich nehme mir ein Stofftasche und ich nehme mir die Einkaufsliste. Zum Markt läuft man zwanzig (20) Minuten. Ich bin siebzehn (17) Jahre alt, deshalb habe ich kein Auto. Das macht nichts, ich laufe gerne. „Laufen ist gesund!", sagt meine Mutter immer. Sie hat recht. Ich fühle mich gut. Auf dem Markt ist viel los. Das Gemüse auf dem Markt ist frischer, als das Gemüse im Supermarkt. Früher konnte man Gemüse nur auf dem Markt kaufen. Meine Oma kauft ihr Gemüse immer auf dem Markt. Der Markt ist an jedem Freitag. Ich finde das Gemüse nicht, weil der Markt groß ist. „Entschuldigen sie bitte, wo kann ich Salat kaufen?", frage ich einen Verkäufer. „Einfach geradeaus", sagt der Mann. Ich gehe in die Richtung, dann sehe ich den Salat. Ich kaufe Salat und Karotten. Jetzt brauche ich Kartoffeln. Ich finde die Kartoffeln schnell. Nachdem ich die Kartoffeln gekauft habe, laufe ich nach Hause. Meine Oma sagt, weil ich das Gemüse gekauft habe, kocht sie für mich. Ich finde das super. Meine Oma kocht sehr gut. Ihr Essen schmeckt immer köstlich.

Fragen

- Was fragt deine Oma?
- Warum kann deine Oma nicht auf den Markt gehen?
- Was gibt dir deine Oma?
- Was sollst du kaufen?
- Was ist ein Markt?
- Sind nur wenige Menschen auf dem Markt?
- Warum findest du das Gemüse nicht?
- Was kaufst du?
- Was macht deine Oma?

Wortschatz

Der Markt – the market
Das Gemüse – the vegetables
Die Einkaufsliste – shopping list
vergessen – to forget
Die Stofftasche – cloth bag
gesund – healthy
recht haben – to be right
fühlen – to feel

viel los sein – it is crowded
frisch – fresh
jeder – every
früher – earlier / in the past
geradeaus – straight
Die Richtung – the direction
brauchen – to need
köstlich – delicious

131. Ich ziehe um

Heute ziehe ich um. Ich habe eine neue Arbeit, deshalb muss ich in eine neue Stadt ziehen. Ich ziehe nach Hamburg. Hamburg liegt an der Elbe. Die Elbe ist ein großer Fluss in Deutschland. Hamburg ist berühmt für seinen Hafen und die vielen Schiffe. Ich war schon oft in Hamburg. Ich habe nach einer Arbeit in Hamburg gesucht, weil ich die Stadt mag. Ich habe lange suchen müssen. Letzte Woche hatte ich endlich ein Bewerbungsgespräch. Die Firma hat mir gestern gesagt, dass ich bei ihnen arbeiten kann. Ich bin aufgeregt. Nicht nur wegen der Arbeit. Umziehen ist aufregend. Ich packe alle meine Sachen in große Kartons. In zwei (2) Tagen kommt eine Umzugsfirma und holt die Kartons ab. Die Umzugsfirma fährt die Kartons nach Hamburg. Wenn man seine Sachen einpackt, dann schmeißt man auch viel weg. Ich habe viele Sachen, die ich nicht brauche. Ich schmeiße die Sachen in den Müll. Manchmal finde ich Sachen, die ich vergessen habe. Das ist oft nostalgisch, deshalb brauche ich lange. Ich habe dreißig (30) Kartons. Das ist nicht viel. Das ist alles, was ich habe. Das ist ein komisches Gefühl. Alles was ich besitze, steht vor mir. Ich habe einen (1) Tag gebraucht um alles einzupacken. Jetzt bin ich müde, aber ich bin glücklich. Morgen ist ein aufregender Tag. Morgen fahre ich nach Hamburg. Ich werde eine Nacht in meiner neuen Wohnung schlafen, dann kommt die Umzugsfirma.

Fragen

- Warum ziehst du um?
- Wo liegt Hamburg?
- Was ist die Elbe?
- Warum willst du in Hamburg arbeiten?
- Warum bist du aufgeregt?
- Was musst du machen?
- Wie kommen deine Sachen nach Hamburg?
- Warum brauchst du viel Zeit?
- Warum ist morgen ein aufregender Tag?

Wortschatz

umziehen – to move (away)
Der Fluss – the river
berühmt – famous
Der Hafen – the harbor
Das Schiff – the ship
suchen – to search
letzte Woche – last week
endlich – finally
Das Bewerbungsgespräch – the job interview
Die Firma – the company
gestern – yesterday
aufgeregt – excited

nicht nur – not only
Das Umziehen – the moving (around)
packen – to pack
Der Karton – cardboard box
Die Umzugsfirma – the moving company
wegschmeißen – to throw away
brauchen – to need
vergessen – to forget
komisch – strange / funny
müde – tired
Die Wohnung – the apartment

132. Silvester

Heute ist der einunddreißigste (31.) Dezember. In Deutschland heißt dieser Tag Silvester. Ich weiß nicht warum der Tag so heißt, aber das ist nicht wichtig. Ich freue mich schon sehr lange auf Silvester. Warum ich Silvester so mag? An Silvester gibt es ein Feuerwerk. Kein Kleines, nein, ein Großes. Fast jeder in Deutschland macht an Silvester sein eigenes Feuerwerk. Das macht viel Spaß. Ein paar Tage lang kann man verschiedene Feuerwerkskörper und Raketen in den Supermärkten kaufen. Ich und meine Freunde kaufen so viele Raketen, dass wir einen Einkaufswagen brauchen. Der Abend ist etwas ganz Besonderes. Wir freuen uns alle auf das Feuerwerk. Bevor das Feuerwerk anfängt, muss man warten. Das ist nicht leicht. Wir wollen direkt anfangen, aber das ist verboten. Ich und meine Freunde langweilen uns. Das Warten ist schwer. Wir trinken Saft und schauen fern. Endlich ist es soweit. Es ist viertel vor zwölf (11:45). Wir stehen in der Küche und bereiten unser Feuerwerk vor. Wir sortieren die Raketen. Wir wollen zuerst die kleinen Raketen benutzen, dann wollen wir die großen Raketen benutzen. Endlich ist es zwölf Uhr (12). Der ganze Himmel ist hell. Überall fliegen Raketen. Wir benutzen auch unsere Raketen. Eine halbe Stunde lang knallt es und es ist hell. Um zwölf Uhr dreißig (12:30) ist das Feuerwerk vorbei. Es hat viel Spaß gemacht, aber es war kurz. Wir haben alle unsere Raketen benutzt. Nächstes Jahr machen wir wieder zusammen ein Feuerwerk.

Fragen

- Was ist Silvester?
- Warum magst du Silvester?
- Was kann man ein paar Tage lang machen?
- Was machst du vor dem Feuerwerk?
- Wann beginnt das Feuerwerk?
- Wie sieht der Himmel an Silvester aus?
- Ist es an Silvester leise?

Wortschatz

Silvester – new year in Germany
wichtig – important
sich freuen auf – to be looking forward to
Das Feuerwerk – the fireworks
fast – almost
ein paar Tage lang – for a couple of days
verschieden – different
Der Feuerwerkskörper – fireworks
Die Rakete – the rocket
Der Einkaufswagen – the shopping cart
brauchen – to need
besonders – special

warten – to wait
direkt – directly
verboten – forbidden
sich langweilen – to be bored
vorbereiten – to prepare
sortieren – to sort
zuerst – firstly
benutzen – to use
knallen – to bang
hell – bright
nächstes – next
zusammen – together

133. Die Autobahntoilette

Ich heiße Thorsten und ich komme aus Australien. Meine Eltern sind Deutsche, aber sie wohnen in Australien. Ich besuche meine Großeltern in Deutschland. Ich habe viele Freunde hier und ich fahre regelmäßig nach Deutschland. Wenn ich meine Großeltern besuche, dann mache ich auch viel mit meinen Freunden. Heute machen wir einen Ausflug. Wir fahren auf der Autobahn nach Köln. Ich habe gut gefrühstückt und ich muss auf die Toilette. „Können wir bitte anhalten? Ich muss auf die Toilette", sage ich. „Natürlich, beim nächsten Rastplatz halten wir an.", sagt Peter. Peter ist mein Freund. Er fährt das Auto. Meine Freunde suchen einen Rastplatz. Ich sage meinen Freunden, dass sie sich beeilen müssen. Ich muss dringend auf die Toilette. Ich sehe einen Rastplatz. Peter fährt das Auto auf den Rastplatz. Ich öffne schnell die Tür. Ich will auf die Toilette gehen, aber Peter hält mich fest. Er gibt mir einen (1) Euro und sagt: „Du brauchst einen Euro." „Wieso brauche ich einen Euro?", frage ich. „Die Toilette ist nicht kostenlos. Wenn du sie benutzen willst, dann musst du bezahlen.", sagt Peter. Ich schüttele den Kopf. Das ist merkwürdig. Ich beeile mich. Viele Leute müssen auf die Toilette. Ich stehe in einer Reihe vor der Toilette. Jeder sucht nach Geld. Eine Frau sitzt vor der Toilette. Sie bekommt von allen einen Euro. Ich bezahle auch. Endlich kann ich auf die Toilette. Die Toilette ist sehr sauber. Ich habe von der Frau ein Stück Papier bekommen. Wenn ich in der Tankstelle etwas kaufe, dann kann ich einen Rabatt bekommen. Ich finde das gut. Ich gehe zurück zum Auto. Wir fahren weiter nach Köln.

Fragen

- Wohnen Thorstens Eltern in Deutschland?
- Fährt Thorsten nur manchmal nach Deutschland?
- Was macht Thorsten in Deutschland?
- Warum muss Thorsten anhalten?
- Warum gibt Peter Thorsten einen Euro?
- Sind die Toiletten dreckig?
- Was kann man mit dem Papier machen?

Wortschatz

ich komme aus – I am from
besuchen – to visit
regelmäßig – regularly
Der Ausflug – the trip
natürlich – of course
der nächste – the next
Der Rastplatz – the resting area
dringend – urgently
beeilen – to hurry
festhalten – to hold
brauchen – to need

kostenlos – free to use
schütteln – to shake
merkwürdig – strange
Die Reihe – the line
suchen – to search
endlich – finally
sauber – clean
Das Papier – the paper
bekommen – to get
Die Tankstelle – the gas station
Der Rabatt – the discount

134. Ich gebe zu viel Geld aus

Ich habe gezählt. Ich gebe zu viel Geld aus. Das ist nicht gut. Ich will mehr sparen. Ich suche nach dem Grund. Warum habe ich so viel Geld benutzt? Vielleicht im Restaurant? Ich überlege. Ich war in dieser Woche jeden Abend in einem Restaurant. In Zukunft will ich mehr kochen. Das ist billiger. Ich war an der Tankstelle und ich habe mein Auto gewaschen. Das war auch teuer und es war nicht wichtig. In Zukunft will ich mein Auto nicht oft waschen. Ich überlege weiter. Wo habe ich Geld benutzt. Ich war einkaufen. Ich bin im Supermarkt gewesen. Das ist normal. Wenn ich etwas essen will, dann muss ich in den Supermarkt. Ich habe mir einen neuen Fernseher gekauft, aber ich sehe nicht viel fern. Ich will den Fernseher umtauschen. Ich brauche den Fernseher nicht. Ich habe auch einen Vertrag mit dem Fitnessstudio. Der ist teuer und ich gehe nicht in das Fitnessstudio. Ich rufe im Fitnessstudio an. „Entschuldigen sie bitte, ich würde gerne meinen Vertrag kündigen", sage ich. Die Frau am Telefon ist nett. Sie hilft mir und ich kündige meinen Vertrag. Ich überlege weiter. Was kann ich noch machen? Ich lasse oft das Licht an. Das kostet auch viel Geld. Wenn ich das Licht nicht brauche, werde ich es in Zukunft ausmachen. Ich bin zufrieden. Ich bin sicher, dass ich in Zukunft viel Geld sparen kann. Ich mache eine Liste. Auf der Liste stehen viele Dinge, die mir mit dem Sparen helfen.

Fragen

- Warum willst du mehr sparen?
- Wo hast du oft gegessen?
- Was hast du mit deinem Auto gemacht?
- Was hast du noch gekauft?
- Warum rufst du im Fitnessstudio an?
- Was steht auf deiner Liste?

Wortschatz

zählen – to count
sparen – to save up
Der Grund – the reason
benutzen – to use
vielleicht – maybe
überlegen – to think / to ponder
jeden Abend – every evening
billig – cheap
Die Tankstelle – the gas station
teuer – expensive
wichtig – important

Der Fernseher – the television
umtauschen – to exchange it (for money at the store)
Der Vertrag – the contract
Das Fitnessstudio – the gym
kündigen – to terminate (a contract / subscription / ...)
Das Licht – the light
zufrieden – satisfied
sicher sein – to be sure

135. Manchmal ist es bei mir laut

Ich wohne in einer großen Stadt in Deutschland. Ich wohne im Zentrum. Das ist praktisch, aber manchmal ist es nicht gut. Ich kann sehr schnell in den Supermarkt laufen. Das ist super, aber manchmal ist es hier sehr laut. Es sind immer Leute auf der Straße. Auch am Abend. Am Abend ist das sehr laut. Manchmal schlafe ich erst um zwei (2) oder drei (3), weil es so laut ist. Letztes Jahr hat die Stadt, vor meiner Wohnung, gebaut. Bauarbeiter haben Steine gesägt und Stahl geschnitten. Das war noch lauter. Man hat die Leute nicht mehr gehört. Die Bauarbeiter haben morgens um sechs (6) Uhr angefangen. Ich habe ein Jahr lang nicht gut geschlafen. Jeden morgen um sechs (6) Uhr bin ich aufgewacht. Ich liebe meine Wohnung. Sie ist schön und sie ist billig, aber wenn es laut ist, dann bin ich immer wütend. Ich brauche oft Ruhe. Morgens fahren viele Autos durch die Straße. Manchmal weckt mich das auf. Wenn ich spät ins Bett gehe, dann will ich lange schlafen. Manchmal geht das nicht. Ich habe dann einen sehr schlechten Tag. Dann bin ich müde und ich habe schlechte Laune. Ich hatte gestern Geburtstag. Meine Freundin hat mir Ohrenstöpsel geschenkt. Ich habe heute Nacht sehr gut geschlafen. So gut wie noch nie. Ich bin glücklich. Endlich kann ich normal schlafen.

Fragen

- Wo wohnst du?
- Warum ist das super?
- Warum ist das schlecht?
- Was hat die Stadt letztes Jahr gemacht?
- Warum bist du manchmal wütend?
- Wie hilft dir deine Freundin?

Wortschatz

Das Zentrum – the center	**wütend** – angry
praktisch – practical	**Die Ruhe** – the quietness
laut – loud	**durch** – through
bauen – to build	**müde** – tired
Die Wohnung – the apartment	**schlecht** – bad
Der Bauarbeiter – the construction worker	**Die Laune** – the mood
sägen – to saw	**Die Ohrenstöpsel** – earplugs
Der Stahl – the steel	**schenken** – to gift
schneiden – to cut	**nie** – never
aufwachen – to wake up	**endlich** – finally
billig – cheap	

136. Ich werde Vater

Oh mein Gott! Ich werde Vater. Habt ihr das gehört? Ich werde Vater. Meine Frau ist schwanger. Ich kann es kaum glauben. Ich bin sehr glücklich. Ich habe lange gewartet und endlich werde ich Vater. Wenn man Vater wird, dann hat man große Verantwortung. Ich habe immer gedacht, dass ich nicht bereit bin. Jetzt fühle ich mich bereit. Es wird bestimmt großartig. Meine Frau freut sich auch. Sie wünscht sich eine Tochter. Der Arzt sag, dass er nicht weiß ob wir einen Jungen oder ein Mädchen bekommen. Das macht nichts. Mir ist das egal. Ich will nur Vater werden. Wir haben schon viele Sachen für das Kind gekauft. Kleider, einen Kinderwagen und Spielsachen. Das hat viel Spaß gemacht, aber es war teuer. Wir haben viel Geld ausgegeben. Das macht nichts. Ich will, dass es dem Kind gut geht. Es soll in Zukunft glücklich sein. Wir müssen jetzt acht (8) Monate warten. Das ist eine lange Zeit. Ich bin jetzt schon sehr aufgeregt. In ein paar Monaten bin ich bestimmt noch aufgeregter. Meiner Frau geht es manchmal schlecht. Sie isst jetzt andere Sachen. Das ist komisch, aber ich finde das ist lustig. Morgen haben wir einen Termin beim Arzt. Der Arzt will nach dem Baby schauen. Das ist normal. Wenn man schwanger ist, dann macht man regelmäßig Untersuchungen.

Fragen
- Warum bist du glücklich?
- Was hast du immer gedacht?
- Was habt ihr gemacht?
- Ihr habt viel Geld ausgegeben. Warum macht das nichts?
- Was findest du lustig?
- Was macht der Arzt?

Wortschatz

oh mein Gott – oh my god	**Der Kinderwagen** – the buggy
hören – to listen	**teuer** – expensive
kaum - hardly	**ausgeben** – to spend (money)
warten – to wait	**aufgeregt** – excited
Die Verantwortung – the responsibility	**bestimmt** – probably
bereit – ready	**schlecht** – bad
fühlen – to feel	**komisch** – strange
großartig – great	**schwanger** – pregnant
mir ist das egal – i don't care	**regelmäßig** – regularly
Die Sache – the thing	**Die Untersuchung** – the examination

137. Ich kaufe neue Möbel

Ich bin umgezogen. Ich wohne jetzt in Hamburg. Erinnert ihr euch? Ich habe euch davon erzählt. Ich habe eine Umzugsfirma gerufen. Die Umzugsfirma hat meine Sachen, nach Hamburg gefahren. Meine Sachen sind gestern in Hamburg angekommen. Ich bin jetzt am auspacken. Ich habe noch keine Möbel. Ich muss mir neue Möbel kaufen. Ein neues Bett ist am wichtigsten. Ich habe zwei (2) Tage auf einer Matratze geschlafen. Das ist merkwürdig. Ich fahre zum Ikea. Dort kann man billig Möbel kaufen. Die Möbel sind billig und sie sind gut. Das Ikea ist sehr groß. Viele Menschen kommen in das Ikea, um Möbel zu kaufen. Ich bin sehr aufgeregt. Ich habe in einem Katalog nach Möbeln gesucht und ich habe viele schöne Möbel gefunden. Ich habe eine Einkaufsliste. Auf der Liste steht alles, was ich brauche. Ich kann nicht alles in mein Auto packen. Das ist kein Problem. Ikea hat auch Autos. Sie fahren die Möbel zu meinem Haus. Heute nehme ich nur das Bett mit. Ich bin vier (4) Stunden in dem Ikea. Ich kaufe zuerst das Bett. Danach kaufe ich einen Schrank. Der Schrank wird geliefert. Ich brauche auch einen Esstisch. Ich lasse den Esstisch auch liefern. Am Ende kaufe ich noch einen Schreibtisch. Den Schreibtisch nehme ich mit. Er ist nicht groß. Ich brauche nicht viel Platz. Meine Freunde warten zuhause. Wir tragen das Bett und den Schreibtisch zusammen nach oben. Dann trinken wir ein Bier. Ich bin froh, dass sie mir geholfen haben. Ein Bett ist schwer.

Fragen

- Warum wohnst du jetzt in Hamburg?
- Wie sind deine Sachen nach Hamburg gekommen?
- Was musst du machen?
- Was kann man in einem Ikea machen?
- Wo hast du nach Möbeln gesucht?
- Was nimmst du direkt mit nach Hause?

Wortschatz

umziehen – to move	**Der Katalog** – the cataloge
erinnern – to remember	**packen** – to pack
Die Umzugsfirma – the moving company	**Der Schrank** – the closet
auspacken – to unpack	**liefern** – to deliver
Die Möbel – the furniture	**ich brauche Platz** – i need space
wichtig – important	**tragen** – to carry
Die Matratze – the mattress	**zusammen** – together
merkwürdig – strange / odd	**froh sein** – to be glad
billig – cheap	

138. Ich muss aufräumen

In meinem Zimmer sieht es fürchterlich aus. Überall liegen Spielsachen herum. Ich will fernsehen, aber ich darf nicht. „Wenn du fernsehen willst, dann musst du vorher dein Zimmer aufräumen", sagt meine Mutter. Ich will nicht aufräumen. Das macht keinen Spaß und es dauert sehr lange. Wenn ich aufräume, dann finde ich meine Sachen nicht mehr. „Meine Sachen liegen dort wo sie liegen sollen. „Ich finde es nicht schlimm, dass nicht aufgeräumt ist", sage ich. „Aber ich finde es schlimm", antwortet meine Mutter. Meine Mutter sagt, dass ich ihr mein Handy geben muss. Ich bekomme es nur, wenn ich aufgeräumt habe. Ich bin wütend. Dürfen Mütter das? Bestimmt ist es verboten, mein Handy zu nehmen. Es ist meins. Ich fange mit dem Aufräumen an, aber ich bin immer noch wütend. Das Aufräumen dauert sehr lange. Ich brauche drei (3) Stunden. „Ich bin mit dem Aufräumen fertig", sage ich zu meiner Mutter. Meine Mutter kontrolliert mein Zimmer. Sie ist nicht zufrieden. Ich muss weiter aufräumen. Jetzt bin ich noch wütender. Ich räume wieder auf. Mein Vater kommt nach Hause. „Papa, kannst du mein Zimmer bitte kontrollieren", frage ich. Ich weiß das mein Vater nicht genau kontrolliert. „Natürlich, ich komme", sagt mein Vater. Mein Vater kontrolliert mein Zimmer. Er sagt, dass es aufgeräumt ist. Jetzt darf ich fernsehen. Ich bekomme auch mein Handy wieder.

Fragen

- Was musst du machen?
- Wann darfst du fernsehen?
- Was findest du nicht schlimm?
- Wie findet deine Mutter das?
- Warum bist du wütend?
- Warum musst du wieder aufräumen?
- Wer kontrolliert dein Zimmer?
- Was sagt dein Vater?

Wortschatz

fürchterlich – terrible
überall – everywhere
Die Spielsache – the toy
fernsehen – to watch TV
aufräumen – to tidy up
schlimm – bad / severe

wütend – angry
verboten – forbidden / prohibited
kontrollieren – to control
zufrieden – satisfied
natürlich – of course

139. An der Tankstelle

Ich fahre heute nach Berlin. Berlin ist die Hauptstadt von Deutschland. In Berlin wohnt Peter. Ich kenne Peter aus der Uni. Wir haben gemeinsam studiert, aber jetzt wohne ich in einer anderen Stadt. Auf der Autobahn fahren viele Autos. Ich sehe, dass ich kein Benzin mehr habe. Das ist schlecht. Die nächste Tankstelle kommt erst in fünfzig (50) Kilometern. Ich weiß nicht, ob ich das schaffe. Soll ich in eine Stadt fahren, oder fahre ich bis zu der Tankstelle. In der Stadt kann ich bestimmt eine Tankstelle finden. Was passiert, wenn ich keine Tankstelle finde? Ich nehme mein Handy und rufe Peter an. „Hallo hier ist Mark", sage ich zu Peter. „Hör mal, ich habe ein Problem. Ich habe kein Benzin mehr und ich weiß nicht, wo ich tanken soll."Peter überlegt kurz, dann sagt er: „Wo bist du gerade?" Ich antworte: „Ich bin gerade kurz vor Potsdam. Ich kann Potsdam schon sehen", sage ich. „Warte kurz", meint Peter, „ich suche dir eine Tankstelle." Es dauert eine Minute, dann hat Peter eine Tankstelle gefunden. „Du verlässt die Autobahn bei Potsdam, dann fährst du nach rechts. Nach fünf Minuten findest du eine Tankstelle. Du kannst dort tanken, dann fährst du zurück und wieder auf die Autobahn. Es ist ganz einfach." Ich bin dankbar. Peter ist ein guter Freund. Er hat mir sehr geholfen. Ich sehe, wo ich die Autobahn verlassen muss. Ich finde die Tankstelle schnell. Es ist nicht weit und das Tanken geht schnell. Ich bin erleichtert, weil ich nicht mit dem Auto stehen geblieben bin. Das Tanken dauert fünfzehn (15) Minuten, dann bin ich wieder auf der Autobahn. Nach einer halben Stunde bin ich in Berlin und treffe Peter. „Danke, dass du mir geholfen hast", sage ich. Peter lächelt. „Ist doch kein Problem. Dafür sind Freunde da", sagt er. Wir haben viel Spaß in Berlin und machen viele tolle Dinge. Ich habe vergessen, wie toll Berlin ist. Nach ein paar Tagen fahre ich wieder nach Hause, weil ich arbeiten muss.

Fragen

- Woher kennst du Peter?
- Was ist dein Problem?
- Wie kommst du zur Tankstelle?
- Wie lange dauert das Tanken?
- Warum fährst du wieder nach Hause?

Wortschatz

Die Hauptstadt – the capital	**gerade** – at the moment
gemeinsam – together	**warten** – to wait
Das Benzin – the gasoline	**verlassen** – to leave
schlecht – bad	**bleiben** – to stay
Die Tankstelle – the gas station	**tanken** – to refuel
bestimmt – probably	**erleichtert** – relieved
passieren – to happen	**treffen** – to meet
hör mal – listen	**vergessen** – to forget

140. Im Krankenhaus

Ich liege im Krankenhaus. Weil ich beim Schlittschuhlaufen nicht aufgepasst habe, habe ich mir das Bein gebrochen. Es hat sehr weh getan und ich konnte nicht laufen. Der Besitzer der Eishalle hat einen Krankenwagen gerufen. Der Arzt hat mich untersucht und mich dann in das Krankenhaus gefahren. Im Krankenhaus riecht es merkwürdig. Ich mag den Geruch nicht. Ich bin nicht zum ersten Mal im Krankenhaus. Als ich klein war, habe ich mir den Arm gebrochen und musste zwei Wochen im Krankenhaus bleiben. In meine Zimmer liegen noch drei andere Personen. Ein alter Mann, eine junge Frau und ein Mädchen. Alle in meinem Zimmer haben sich etwas gebrochen. Das ist lustig. Wir lachen darüber und machen Scherze. Meine Freunde kommen mich oft besuchen. Weil es im Krankenhaus immer schlechtes Essen gibt, bringen mir meine Freunde manchmal Pizza oder andere Dinge mit. Ich liebe Pizza und ich esse jedes Mal sehr viel. In einer Woche darf ich wieder nach Hause, aber vorher muss der Gips ab. Ich habe Angst davor. Der Gips wird mit einer Säge geöffnet. Ich denke, dass der Arzt mich verletzen wird, aber es passiert nichts. Alles geht gut und ich kann ein paar Tage später nach Hause. Ich bin froh, dass ich wieder in meinem Bett schlafen kann und dass ich wieder mein eigenes Zimmer habe. Im Krankenhaus konnte ich nicht schlafen. Zuhause schlafe ich wie ein Stein. Meine Eltern sind auch froh, dass ich wieder gesund bin. Sie haben sich große Sorgen gemacht. Ich sage ihnen, dass es nicht schlimm war. In Zukunft will ich mir nichts mehr brechen. Es tut sehr weh, und ich bin nicht gerne im Krankenhaus.

Fragen

- Warum hast du dir das Bein gebrochen?
- Was hat der Besitzer der Eishalle gemacht?
- Bist du zum ersten Mal im Krankenhaus?
- Was ist passiert, als du klein warst?
- Was machen deine Freunde, weil es im Krankenhaus schlechtes Essen gibt?
- Wann darfst du wieder nach Hause und was muss vorher passieren?
- Warum hast du Angst davor?
- Warum willst du dir nichts mehr brechen?

Wortschatz

Das Krankenhaus – the hospital
Das Schlittschuhlaufen – the ice skating
aufpassen – to pay attention
brechen – to break
Der Besitzer – the owner
Die Eishalle – the ice rink
Der Krankenwagen – the ambulance
riechen – to smell
merkwürdig – strange / odd

lustig – funny
Der Scherz – the joke
Der Gips – plaster cast
froh sein – to be glad
schlimm – bad
sich Sorgen machen – to be worried
Die Zukunft – the future
wehtun – to hurt

141. Morgenmuffel

Es ist Montag und ich muss arbeiten. Ich mag meine Arbeit und ich gehe gerne dort hin. Was ich nicht gerne mache, ist früh aufstehen. In Deutschland nennt man das Morgenmuffel. Ein Morgenmuffel ist eine Person die nicht gerne früh aufsteht. Ich bin morgens immer sehr müde. Montags bin ich besonders müde. Ich bin sonntags lange wach und schlafe nur wenig. Mein Wecker klingelt um sechs Uhr dreißig (6:30). Weil ich meinen Wecker manchmal nicht höre, habe ich drei (3) Wecker. Normalerweise wache ich mit dem zweiten (2.) Wecker auf. Ich gehe in die Küche und koche mir einen Kaffee, dann frühstücke ich. Nach dem Frühstück gehe ich duschen. Die Dusche hilft mir wach zu werden. Nach dem Duschen bin ich fast fertig. Ich packe meine Tasche und schaue, dass ich nichts vergessen habe, danach laufe ich zum Bahnhof. Nach fünfzehn (15) Minuten bin ich am Bahnhof. Ich fahre zehn (10) Minuten mit dem Zug, dann bin ich in der Stadt. Ich muss um acht (8) auf der Arbeit sein. Das ist sehr früh. Manchmal wünsche ich mir, dass ich erst um neun (9) mit der Arbeit anfangen muss. Meine Kollegen sind nett, wenn ich zur Arbeit komme, dann haben sie schon Kaffee gekocht. Ich setze mich an meinen Schreibtisch und trinke einen Kaffee, dann fange ich an zu arbeiten. Um zwölf Uhr habe ich Pause. Ich esse etwas, und ruhe mich aus. Danach muss ich bis um vier (4) Uhr arbeiten, dann bin ich fertig. Es ist anstrengend, aber ich mag meine Arbeit. Ich habe interessante Aufgaben und die Zeit ist schnell vorbei.

Fragen

- Was machst du nicht gerne?
- Was ist ein Morgenmuffel?
- Warum bist du montags besonders müde?
- Warum hast du drei Wecker?
- Wie hilft dir die Dusche?
- Was machst du nach dem Frühstück?
- Was wünschst du dir manchmal?
- Was machst du in der Pause?
- Warum magst du deine Arbeit?

Wortschatz

früh – early
Der Morgenmuffel – someone who is grumpy in the morning
besonders – especially
müde – tired
Der Wecker – the alarm
klingeln – to ring
wenig – little

kochen – to cook
vergessen – to forget
Der Bahnhof – the train station
Der Zug – the train
wünschen – to wish
ausruhen – to relax / to recover
anstrengend – exhausting

142. Ich habe meinen Geldbeutel verloren

Oh mein Gott. Wie konnte das passieren? Ich habe meinen Geldbeutel verloren. Ich weiß nicht, wo ich ihn verloren habe. Jetzt habe ich ein großes Problem. Es sind viele wichtige Dinge in meinem Geldbeutel und ich brauche ihn. Ohne meinen Geldbeutel, kann ich nicht bezahlen und auf der Bank kein Geld bekommen. Ich darf kein Autofahren und habe auch keinen Ausweis mehr. Ich überlege, wo ich ihn vergessen habe. Heute Morgen habe ich ihn in meine Tasche gesteckt. Vielleicht habe ich ihn vergessen, als ich beim Bäcker war. Ich rufe den Bäcker an und frage, ob sie meinen Geldbeutel gefunden haben. Sie haben ihn nicht gefunden. Das ist schlecht. Jetzt muss ich bei meiner Bank anrufen, damit niemand meine Bankkarte benutzen kann. Ich suche überall, wo ich gewesen bin, aber ich kann ihn nicht finden. Ich bin nervös. Wenn ich meinen Geldbeutel nicht finde, dann wird das teuer. Ein neuer Ausweis kostet 25 Euro und ein neuer Führerschein kostet 75 Euro. Mein Handy klingelt, und ich nehme den Anruf an. „Entschuldigung, sind sie Frau Schmitt?", fragt ein Mann. „Ja, ich bin Frau Schmitt. Was gibt es?", antworte ich. „Ich habe ihren Geldbeutel gefunden, und dort ihre Telefonnummer gesehen. Wenn sie wollen, dann können sie ihn abholen kommen." Ich bin erleichtert, dass jemand meinen Geldbeutel gefunden hat. „Wo sind sie? Ich komme sofort vorbei", sage ich. „Ich bin am Bahnhof. Ich warte am Eingang auf sie." Jetzt weiß ich es wieder. Ich habe mir am Bahnhof eine Fahrkarte gekauft. Dabei muss ich den Geldbeutel vergessen haben. Ich fahre zum Bahnhof und der Mann gibt mir meinen Geldbeutel. Es ist noch alles in meinem Geldbeutel. Nichts ist gestohlen worden.

Fragen
- Warum hast du ein großes Problem?
- Warum brauchst du deinen Geldbeutel?
- Hat der Bäcker deinen Geldbeutel?
- Warum musst du bei deiner Bank anrufen?
- Warum ist ein neuer Geldbeutel teuer?
- Warum bist du erleichtert?
- Wo hast du deinen Geldbeutel vergessen?

Wortschatz

oh mein Gott – oh my god
Der Geldbeutel – the wallet
verlieren – to lose
wichtig – important
bezahlen – to pay
Der Ausweis – the ID card
vergessen – to forget
in die Tasche stecken – to put into your pocket
vielleicht – maybe
finden – to find

niemand – no one
überall – everywhere
Der Führerschein – the driving license
abholen – to pick up
erleichtert sein – to be relieved
jemand – someone
Der Bahnhof – the train station
Der Eingang – the entrance
Die Fahrkarte – the train ticket
stehlen – to steal

143. Der Bus kommt nicht

Seit einer Stunde warte ich auf den Bus, aber der Bus kommt nicht. Eigentlich sollte er schon vor zehn (10) Minuten an der Haltestelle sein. Ich schaue noch einmal auf den Fahrplan. Auf dem Fahrplan stehen viele Zeiten und Busse. Ich suche noch einmal nach meinem Bus. Da ist er! Ich habe keinen Fehler gemacht. Mein Bus steht auf dem Fahrplan. Aus dem Bahnhof kommt ein Mann. Er sieht wichtig aus. „Warten sie auf den R7?", will er wissen. „Ja, ich muss nach Karlsruhe. Wissen sie, ob der Bus noch kommt? Ich habe einen wichtigen Termin.", sage ich. Der Mann schüttelt seinen Kopf. „Nein, der R7 kommt heute nicht mehr." Er zeigt auf den Fahrplan und sagt: „Das ist noch der alte Fahrplan. Ich habe den neuen noch nicht aufgehängt. Im Bahnhof hängt der richtige Plan, da können sie nach ihrem Bus suchen." Ich gehe mit dem Mann in den Bahnhof. Im Bahnhof sind viele Menschen, aber die meisten wollen Zug fahren. „Dort drüben hängt der neue Plan", sagt der Mann. Ich gehe zum neuen Plan und schaue ihn mir an. Der nächste Bus nach Karlsruhe fährt erst in zwei Stunden. Das ist schlecht. Mein Termin ist schon in einer Stunde. Ich will nicht mit dem Taxi fahren, weil das teuer ist. Ich gehe wieder zu dem Mann. „Kann man mit dem Zug nach Karlsruhe fahren?", frage ich. „Nein, von hier aus leider nicht. Sie können das Taxi nehmen, oder mit dem R8 in die nächste Stadt fahren. Dort können sie den Zug nehmen", sagt er. Ich gehe zum Plan und suche nach dem Bus. Er fährt in einer Stunde ab. Das ist nicht schnell genug. Ich gehe aus dem Bahnhof, und steige in ein Taxi. Wenn es nicht anders geht, dann muss ich ein Taxi nehmen. Der Termin ist wichtig.

Fragen

- Wann sollte dein Bus kommen?
- Steht dein Bus nicht auf dem Fahrplan?
- Wohin fährt der R7?
- Warum kommt der R7 heute nicht?
- Wo findest du den richtigen Plan?
- Warum willst du nicht mit dem Taxi fahren?
- Warum kannst du nicht mit dem nächsten Bus fahren?

Wortschatz

seit einer Stunde – for an hour
eigentlich – actually
Die Haltestelle – the station
Der Fahrplan – the schedule
suchen – to search
Der Fehler – the mistake
Der Bahnhof – the train station
warten – to wait
wichtig – important
schütteln – to shake

aufhängen – to hang up
richtig – right
dort drüben – over there
schlecht – bad
Der Termin – the appointment
leider – unfortunately
anders – different
wenn es nicht ander geht – if there is no other option

144. Das Fußballspiel

Mein Freund hat mich zu einem Fußballspiel eingeladen. Das Spiel ist heute. Ich bin sehr aufgeregt. Es ist das erste Fußballspiel, das ich sehe. Auf einem Fußballspiel gibt es immer Bier. Weil wir auch Bier trinken wollen, fahren wir mit dem Bus. Im Bus ist es sehr voll und heiß. Überall drücken und schieben die Leute. Ich mag Busse nicht. In meinem Auto kann ich sitzen und es ist nicht heiß. Nach dreißig (30) Minuten kommen wir am Stadion an. Dort sind sehr viele Menschen. Ich weiß nicht, wo ich hingehen muss. Gut, dass mein Freund schon viele Fußballspiele gesehen hat. Er kennt den Weg und bringt mich zum Eingang. Am Eingang kaufen wir unsere Karten. Mein Freund kauft zwei (2) Karten für siebzig (70) Euro. Ich habe nicht gewusst, dass ein Fußballspiel so teuer ist. Wir gehen in das Stadion, und suchen unsere Plätze. Wir setzen uns und das Spiel fängt an. Während dem Spiel ist es sehr laut. Ich kenne die Regeln nicht, aber es macht mir trotzdem Spaß. Manchmal springen alle Leute auf. Ich springe dann auch auf, auch wenn ich nicht weiß wieso. Nach dreiundneunzig (93) Minuten ist das Spiel vorbei. Unsere Mannschaft hat verloren. Mein Freund sagt, dass das kein Problem ist, weil das Spiel trotzdem spannend war. Ich finde das auch. Wir fahren wieder mit dem Bus nach Hause. Ich bin sehr müde, aber glücklich, dass ich mein erstes Fußballspiel sehen konnte. In Zukunft will ich oft zu den Fußballspielen gehen. Mein Freund und ich sehen auf dem Spielplan nach, wann Spiele sind. Das nächste Spiel ist in zwei (2) Wochen, aber es ist in München. „Das ist kein Problem", sagt mein Freund, „wir fahren mit dem Auto." Wenn wir mit dem Auto fahren, dann können wir kein Bier trinken, aber das macht nichts. Ich will lieber das Fußballspiel sehen.

Fragen
- Wie viele Fußballspiele hast du schon gesehen?
- Warum magst du den Bus nicht?
- Wie kommst du zum Eingang?
- Warum springst du manchmal auf?
- Wie lange dauert das Spiel?
- Was willst du in Zukunft machen?
- Warum könnt ihr beim nächsten Fußballspiel kein Bier trinken?

Wortschatz

Das Fußballspiel – the soccer game	**Der Platz** – the place (here: the seat)
aufgeregt – excited	**Die Regel** – the rule
überall – everywhere	**trotzdem** – nevertheless / anyway
drücken – to push	**laut** – loud
schieben – to shove	**springen** – to jump
heiß – hot	**vorbei** – over
Das Stadium – the stadium	**Die Mannschaft** – the team
Der Eingang – the entrance	**verlieren** – to lose
Die Karte – the map (here: the ticket)	**spannend** – exciting
teuer – expensive	**müde** – tired
suchen – to search	**Die Zukunft** – the future

145. Meine Schwester und der Teddybär

Meine Schwester liebt ihre Kuscheltiere. Sie hat mindestens zwanzig (20) Kuscheltiere. Normal liegen die Tiere auf dem Bett, aber manchmal liegen sie auf dem Boden. Bevor meine Schwester schlafen geht, bringt sie ihre Kuscheltiere in ihr Bett. Sie sagt immer: „Ohne meine Kuscheltiere kann ich nicht schlafen und ohne mich können meine Kuscheltiere nicht schlafen. Es ist sehr wichtig, dass wir zusammen sind." Ich finde das kindisch, aber das kann meine Schwester nicht verstehen. Wenn meine Schwester zu viele Kuscheltiere hat, dann nimmt meine Mutter ein altes Kuscheltier und legt es in den Keller. Manchmal müssen die Kuscheltiere gewaschen werden. Meine Mutter wäscht die Kuscheltiere morgens, weil meine Schwester die Kuscheltiere am Abend braucht. Heute ist meine Mutter nicht da und wir haben ein Problem. Der Teddybär ist weg. Wir können ihn nicht finden. „Glaubst du er ist weggelaufen?", fragt meine Schwester. „Nein", sage ich, „er mag dich sehr. Warum soll er weglaufen?" Meine Schwester hat große Angst, weil dem Teddybären etwas passieren kann. Ich habe große Angst, weil meine Schwester ohne den Teddybären nicht ins Bett kann. Wir suchen der Teddybär im ganzen Haus, aber wir finden ihn nicht. „Hast du unter deinem Bett geschaut?", frage ich. „Nein", sagt meine Schwester. „Ich gehe sofort nachschauen." Eine Minute später ruft meine Schwester: „Ich habe ihn gefunden!" Ich bin erleichtert. Jetzt kann meine Schwester ins Bett.

Fragen
- Wie viele Kuscheltiere hat deine Schwester?
- Was macht deine Schwester, bevor sie schlafen geht?
- Wann kann deine Schwester nicht schlafen?
- Was macht deine Mutter, wenn deine Schwester zu viele Kuscheltiere hat?
- Warum wäscht deine Mutter die Kuscheltiere morgens?
- Warum hat deine Schwester Angst?
- Wo war der Teddybär?

Wortschatz

Das Kuscheltier – the cuddly toy	**Der Keller** – the cellar
mindestens – at least	**brauchen** – to need
Der Boden – the floor	**weg sein** – to be gone
ohne – without	**finden** – to find
wichtig – important	**weglaufen** – to run away
zusammen – together	**Die Angst** – the anxiety
kindisch – childish	**sofort** – directly / instantly
verstehen – to understand	**erleichtert** – relieved

146. Ein Jahr in Deutschland

Ich heiße Markus, ich bin siebzehn (17) Jahre alt und ich komme aus Schweden. Ich mache gerade einen Austausch. Für ein Jahr gehe ich in Deutschland in die Schule. Während des Austauschs wohne ich bei einer Gastfamilie. Am Anfang war das nicht leicht. Viele Dinge waren anders, als in Schweden. In meiner Gastfamilie gab es viele Regeln, die ich nicht gekannt habe. In meiner Schule in Schweden habe ich Deutsch gelernt. Ich habe gedacht, dass ich gut vorbereitet bin. Das war nicht richtig. In der Schule haben wir immer sehr langsam gesprochen. Hier spricht jeder sehr schnell. Am Anfang habe ich nur wenig verstanden, aber nach einem Monat ist es besser geworden. Jetzt verstehe ich fast alles. Ich habe in der Schule viele neue Freunde kennengelernt. Die Schule macht Spaß und ist interessant. Am liebsten mag ich Biologie. Ich finde, dass Biologie sehr spannend ist. Ich habe hier einen Gastbruder und eine Gastschwester. Mein Gastbruder heißt Jonas und ist auch siebzehn (17) Jahre alt. Meine Gastschwester heißt Miriam und ist schon neunzehn (19) Jahre. Miriam ist mit der Schule fertig. Sie ist Studentin und studiert Mathematik. Nach der Schule mache ich viele interessante Sachen mit Miriam und Jonas. Wir gehen klettern, schwimmen und spielen Fußball. Ich mag meine Gastfamilie und ich mag das Leben in Deutschland. Wenn ich mit der Schule fertig bin, dann will ich in Deutschland studieren.

Fragen

- Was ist ein Austausch?
- Wohnt Markus bei einem Freund?
- Kennt Markus direkt alle Regeln?
- War Markus gut vorbereitet?
- Mag Markus die Schule?
- Was mag Markus am liebsten?
- Wer ist Miriam?
- Was macht Markus nach der Schule?
- Was will Markus machen, wenn er mit der Schule fertig ist?

Wortschatz

Der Austausch – the exchange
während – during / while
Die Gastfamilie – the host family
leicht – easy
Die Regel – the rule
vorbereitet – prepared
richtig – right
langsam – slowly

jeder – everyone
verstehen – to understand
spannend – exciting
Der Gastbruder – the host brother
Die Gastschwester – the host sister
klettern – to climb
schwimmen – to swim

147. Auf dem Bauernhof

Heute besuchen wir meine Großeltern. Meine Großeltern wohnen auf einem Bauernhof. Auf dem Bauernhof gibt es viele Tiere. Meine Großeltern haben Schafe, Schweine, Kühe und Hühner. Sie haben auch einen Hund. Ich freue mich auf den Bauernhof. Ich habe jedes Mal viel Spaß mit meinen Großeltern. Ich und mein Bruder helfen mit der Arbeit auf dem Bauernhof. Wir füttern die Tiere, geben ihnen Wasser und passen auf, dass nichts passiert. Die Arbeit auf dem Bauernhof ist sehr anstrengend, aber das macht nichts. Ich mag es, auf dem Bauernhof zu arbeiten. Der Tag auf dem Bauernhof fängt früh an. Wenn wir aufstehen, dann ist es noch dunkel. Zuerst füttern wir alle Tiere, dann machen wir eine Pause. In der Pause frühstücken wir. Nach dem Frühstück arbeiten wir im Stall. Der Stall ist groß und riecht nach Tieren. Ich mag den Geruch. Nach der Arbeit im Stall gehen wir zum Mittagessen. Meine Großmutter ist eine sehr gute Köchin. Sie kocht immer leckeres Essen. Ich esse immer sehr viel. Nach dem Essen haben wir wieder eine kleine Pause. In der Pause spielen wir mit Max. Max ist ein Hund. Ich und mein Bruder lieben Max und Max liebt uns. Wir werfen einen Ball und Max bringt uns den Ball wieder. Nach der Pause füttern wir wieder die Tiere. Dann ist es Abend und wir sind fertig. Mein Großvater muss noch länger arbeiten. Er sagt, dass es auf dem Bauernhof immer Arbeit gibt. Ich kann das verstehen. Die Tiere machen auch keine Pause. Wir bleiben zwei (2) Wochen auf dem Bauernhof, dann sind unsere Ferien vorbei. Ich bin traurig, dass wir nicht länger auf dem Bauernhof bleiben, aber ich muss nächste Woche wieder in die Schule.

Fragen

- Was macht ihr heute?
- Wo wohnen deine Großeltern?
- Welche Tiere haben deine Großeltern?
- Was machst du auf dem Bauernhof?
- Ist die Arbeit auf dem Bauernhof leicht?
- Was macht ihr am Morgen, vor dem Frühstück?
- Wer ist Max?
- Was macht ihr mit Max?
- Ist deine Großmutter eine schlechte Köchin?

Wortschatz

Der Bauernhof – the farm
Das Tier – the animal
sich freuen auf – to be looking forward to
jedes – every
helfen – to help
füttern – to feed
aufpassen – to pay attention (here: to make sure)
anfangen – to start

Der Stall – the stable
riechen – to smell
lecker – tasty
klein – small
fertig sein – to be finished
traurig – sad
nächste Woche – next week

148. Mein erster Schultag

Heute gehe ich das erste Mal in die Schule. Ich freue mich sehr. Mein großer Bruder geht seit zwei (2) Jahren in die Schule. Er hat gesagt, dass die Schule sehr schwer ist. Ich denke das nicht. Ich denke, dass die Schule viel Spaß macht. Mein Vater und meine Mutter fahren mich in die Schule. Am Morgen begrüßen uns die Lehrer, danach gehen wir in unsere Klassenzimmer. Ich bin aufgeregt. Was werden wir heute lernen? In meiner Klasse sind dreißig (30) andere Schüler. Ich kenne nur Simon. Simon ist mein Nachbar. Wir spielen zusammen, seit wir klein sind. Simon sitzt neben mir. Wir spielen ein Spiel, um die anderen Kinder kennen zu lernen. Ich finde die anderen Kinder sehr nett. Wir lachen viel und haben viel Spaß. Am Mittag gibt unser Lehrer uns unseren Stundenplan, dann dürfen wir nach Hause. Ich bin müde. Zuhause esse ich Mittagessen und erzähle meinen Eltern von meinem ersten Schultag. Meine Eltern sind froh, dass ich Spaß hatte. Nach dem Essen gehe ich in mein Zimmer und spiele. Ich freue mich auf den nächsten Schultag

Fragen

- Warum ist heute ein besonderer Schultag?
- Was sagt dein Bruder über die Schule?
- Wie kommst du zur Schule?
- Was macht ihr am Morgen?
- Gibt es viele Schüler in deiner neuen Klasse?
- Was macht ihr mit eurem neuen Lehrer?
- Was machst du am Mittag?

Wortschatz

sich freuen – to be happy
schwer – difficult
denken – to think
begrüßen – to greet
Der Lehrer – the teacher
Das Klassenzimmer – the classroom
Der Nachbar – the neighbor
seit - since
zusammen – together
kennen lernen – to get to know
nett – kind
lachen – to laugh
Der Stundenplan – the schedule (in school)
müde - tired

149. Gartenarbeit

Heute muss ich im Garten arbeiten. Meine Mutter hat gesagt, dass sie Hilfe bei der Gartenarbeit braucht. Ich mag die Gartenarbeit nicht, aber ich helfe meiner Mutter gerne. Zuerst kehren wir den Hof. Das geht schnell, weil der Hof klein ist. Nach dem Kehren müssen wir Unkraut jäten. Wir haben drei große Gemüsebeete. In den Gemüsebeeten wächst im Frühjahr immer viel Unkraut. Wenn in den Gemüsebeeten Unkraut ist, dann kann man kein Gemüse pflanzen. Unkraut jäten ist anstrengend. Wir brauchen zwei (2) Stunden, dann sind wir fertig. Meine Mutter will jetzt die Hecke schneiden. Ich gehe in den Keller und ich hole die Heckenschere. Während meine Mutter die Hecke schneidet, mähe ich den Rasen. Das Gras ist hoch. Es ist höchste Zeit, den Rasen zu mähen. Ich bin fertig. Ich hole unsere Stühle aus dem Keller und ich stelle die Stühle auf die Terrasse. Wir haben viel gearbeitet, aber es gibt noch viel zu tun. Ich bin müde und mache eine kurze Pause, danach mache ich den Grill sauber. Im Sommer grillen wir immer viel. Während ich den Grill putze, träume ich von leckerem Fleisch, das auf dem Grill brät. Mein Vater kommt nach Hause. Er hat Fleisch gekauft. Er sagt, dass wir hart gearbeitet haben. Weil wir hart gearbeitet haben, will er für uns grillen. Das finde ich gut. Ich habe nicht gemerkt, wie viel Hunger ich habe. Meine Mutter und ich sitzen auf der Terrasse und reden, während mein Vater grillt. Das Fleisch ist lecker und ich esse sehr viel.

Fragen

- Wobei hilfst du deiner Mutter?
- Was ist Gartenarbeit?
- Was machst du zuerst?
- Schneidest du die Hecke?
- Warum musst du dringend den Rasen mähen?
- Was machst du, während du den Grill putzt?
- Was macht dein Vater?

Wortschatz

Die Gartenarbeit – the gardening
kehren – to brush / to sweep
Unkraut jäten – to weed
Das Unkraut – the weeds
Der Hof – the yard
Das Gemüsebeet – vegetable patch
Das Frühjahr - spring
Das Gemüse – the vegetables
pflanzen – to plant

anstrengend - exhausting
Die Hecke – the hedge
Die Heckenschere – the hedge trimmer
mähen – to mow
Der Rasen – the lawn
höchste Zeit – about time
braten – to roast
merken – to notice

150. Ein Buch schreiben

Ich habe ein Buch geschrieben. Das war viel Arbeit, aber ich bin glücklich. Es ist nicht leicht ein Buch zu schreiben und es hat lange gedauert. Jetzt bin ich fertig, aber ich will noch mehr schreiben. Ich habe das Buch wegen meiner Freundin geschrieben. Sie lernt auch Deutsch. Das Buch hilft ihr mit dem Deutschlernen. Ich hoffe, dass auch andere Leute das Buch lesen werden. Ich mag, dass ich, mit dem Buch, anderen Leuten helfen kann. Ich bin erschöpft, weil ich viel an dem Buch gearbeitet habe. Ein Buch zu beenden ist ein gutes Gefühl. Ich habe viele Wochen an meinem Buch geschrieben und ich will mich bedanken. Ich bedanke mich bei allen, die mir geholfen haben. Meine Familie hat mich oft ermutigt. Sie haben gesagt, dass ich ich das schaffen kann. Manchmal habe ich ihnen nicht geglaubt. Jetzt weiß ich es besser. Meine Freundin hat mir geholfen, die Geschichten zu verbessern und Fehler zu finden. Ich habe viel mit ihr gelesen. Ich habe schon eine Idee, wie mein nächstes Buch aussehen soll. Ich liebe das Schreiben. Am liebsten schreibe ich Geschichten, aber ich glaube, dass mein nächstes Buch viele Übungen haben wird. Das macht aber nichts. Es wird bestimmt auch Spaß machen, das nächste Buch zu schreiben. Ich finde, dass das Unterrichten Spaß macht. Ich will auch in Zukunft anderen Leuten helfen, Deutsch zu lernen. Ich habe viel über die deutsche Sprache gelernt. Nützliche Dinge und weniger nützliche Dinge. Das war sehr interessant. Ich habe auch viele neue englische Wörter gelernt. Das ist sehr gut, weil ich Englisch für die Universität brauche. Ich mache jetzt eine Pause mit dem Schreiben. In ein oder zwei Wochen, will ich mit dem nächsten Buch anfangen.

Ihr Könnt mein Buch, als Audiodatei, hier downloaden:

https://www.thegermanadventure.com/becoming-fluent-in-german-150-short-stories

Fragen

- Ist es leicht, ein Buch zu schreiben?
- Warum hast du das Buch geschrieben?
- Was hoffst du?
- Wie lange hast du an dem Buch geschrieben?
- Wie hat dir deine Familie geholfen?
- Wie hat dir deine Freundin geholfen?
- Was schreibst du am liebsten?
- Was willst du in Zukunft machen?
- Wie lange machst du Pause?

Wortschatz

Dauern – to last / to take (time)	**glauben** – to believe
wegen – because of	**verbessern** – to improve
hoffen – to hope	**Der Fehler** – the mistake
erschöpft – exhausted	**aussehen** – to look (like)
beenden – to end	**Die Übung** – the exercise
Das Gefühl – the feeling	**bestimmt** - certainly
bedanken – to thank	**unterrichten** – to teach
ermutigen – to encourage	**nützlich** – useful

Afterword

Thank you once again for purchasing my book. It makes me very happy to be able to help others on their journey towards fluency.

If you enjoyed my book, I would be glad if you left me a review on Amazon. Since I am an independent publisher this helps me tremendously.

If you do so write me an E-Mail to:

thegermanadventure@gmail.com

I will then send you another book, containing 20 short stories and over two hours of audio entirely for free (pdf file).

Of course I would be happy about a good review, but I want it to be an honest one :)

Also, if you happen to discover any mistakes, don't hesitate to report them to the above stated E-Mail, so that I can correct them as quickly as possible.

I wish you all the best on your journey

Philipp

Audiobook

You can download the audio files and the flashcards here:

https://www.thegermanadventure.com/becoming-fluent-in-german-150-short-stories

40340832R00091